Mythen über Marx



Kapital & Krise 4

Autor_innenkollektiv

# Mythen über Marx

## Die populärsten Kritiken, Fehlurteile und Missverständnisse

BERTZ + FISCHER

Bibliografische Information der Deutschen National-
bibliothek: Die Deutsche Nationalbibliothek
verzeichnet diese Publikation in der Deutschen
Nationalbibliografie; detaillierte bibliografische Daten
sind im Internet über http://dnb.dnb.de abrufbar.

Umschlag: D. B. Berlin
unter Verwendung eines Fotos von Johannes Kulms
(Danke schön!)
Das Motiv ist ein Graffiti auf dem Gelände der
Universidad Nacional de Colombia in Bogotá;
Urheber unbekannt.


Wrangelstr. 67, 10997 Berlin
Printed in Poland
ISBN 978-3-86505-748-8

Inhalt

*»Jedes Urteil wissenschaftlicher Kritik ist mir willkommen. Gegenüber den Vorurteilen der sog. öffentlichen Meinung, der ich nie Konzessionen gemacht habe, gilt mir nach wie vor der Wahlspruch des großen Florentiners*: Geh deinen Weg, und lass die Leute reden!«*

Karl Marx im Vorwort zur 1. Auflage von *Das Kapital*

## Warum dieses Buch?

Karl Marx ist mal wieder in aller Munde. Am 5. Mai 2018 wäre er 200 Jahre alt geworden und 2017 feierte der erste Band seines Hauptwerkes *Das Kapital* sein 150-jähriges Erscheinen. Mit den Jubiläen geht eine Fülle von Beiträgen in Medien aller Art einher. Sogar im Kino war *Der junge Karl Marx* zu sehen. Doch nicht alle, die anlässlich der Jubiläen etwas verlautbaren, haben sich auch tatsächlich mit Marx beschäftigt. Viele Beiträge wiederholen alte Mythen. Selten wird etwas Neues erzählt. Die Mythen speisen sich aus Bruchstücken der Marx'schen Theorie oder aus einzelnen seiner Lebensstationen, häufig aber auch nur aus Vermutungen, die von Beginn an

* Dante (1265–1321); das Zitat stammt aus dessen *Göttlicher Komödie.*

nichts mit Marx zu tun hatten. Wie im Spiel *Stille Post* verselbstständigen sich diese Versatzstücke zu oft abstrusen und teilweise völlig abwegigen Behauptungen. Als (Vor-)Urteile geistern die Mythen in den Köpfen und Feuilletonspalten und ersetzen nicht selten die eigene Auseinandersetzung mit dem Marx'schen Denken. Marx selbst hätte sicher seine Freude daran gehabt nachzuzeichnen, wie der Effizienz- und Wettbewerbsdruck in der Medien- und Pressebranche dazu führt, Zeit und Kosten bei der Recherche einzusparen, wie gleichzeitig aber jede Redaktion sich dazu genötigt sieht, den Marx-Hype nicht ungenutzt zu lassen, denn so viel ist klar: Ein Marx-Titel mit seinem Konterfei und Sonnenbrille verkauft sich derzeit gut.

Es sind allerdings immer auch politische Kräfteverhältnisse, gesellschaftliche Stimmungen und entsprechende Konfliktlagen, die am Interesse an Marx und in der Art, wie er verhandelt wird, zum Ausdruck kommen. Dass sich Hans-Werner Sinn, der bekannte neoliberale Wirtschaftswissenschaftler aus den Talkshows, 1975 in der *Zeitschrift für die gesamte Staatswissenschaft* auf 50 Seiten ernsthaft mit dem Marx'schen Gesetz des tendenziellen Falls der Profitrate auseinandersetzen musste, lag an bestimmten Bedingungen: Vorangegangen war die

Revolte von 1968, der Ostblock existierte als »Systemkonkurrenz« noch, und das Proletariat konnte damals wahrnehmbaren Druck aufbauen. Großen Einfluss auf die Marx-Rezeption hatte in jüngster Zeit die weltweite Wirtschaftskrise: Seit 2008 erstarkte ein breites Interesse daran zu verstehen, was Kapitalismus eigentlich ist und was in Marx' *Kapital* steht. Der Karl-Dietz-Verlag, der die Marx-Engels-Werke (MEW) verlegt, meldete höchste Verkaufszahlen. Die politische Legitimationskrise nährte die Befürchtung, dass Verstaatlichung als angemessene Antwort auf die Krise wieder breite Akzeptanz erfahren könne. Damit wurde Marx assoziiert und sogleich gewarnt: »Gebt Karl Marx nicht recht!« (FAZ, 26.1.2008). Genauso aber hielt man eine Entwarnung für nötig: »Jede Wirtschaftskrise widerlegt Marx und Engels« (FAZ, 25.10.2010). Als Vorstellung, Marx wäre davon ausgegangen, dass der Kapitalismus in der Krise zusammenbreche, kehrte hier ein bekannter Mythos wieder (→ *Marx hat den Untergang des Kapitalismus vorhergesagt*).

Weit weniger als noch im 20. Jahrhundert wird Marx heute als Politiker diskutiert. Es stehen vielmehr Versatzstücke seines ökonomischen Denkens im Zentrum, und diese scheinen sich in die bürgerliche Öffentlichkeit schließlich brav eingemeinden zu lassen. Sowieso wird Marx' Bart rundum akzeptiert, solange er nur die Feuilletons schmückt. Als aber im Jahr 2015 die Bundeszentrale für politische Bildung (bpb) ein alternatives Lehrbuch für Ökonomie-Lehrer_innen drucken wollte, bekam sie massiven Gegenwind, vor allem von der Bundesvereinigung der Deutschen Arbeitgeberverbände e.V. In dem Buch wurde die Krise ab 2007/2008 als Aufhänger genommen und für einen stärkeren Pluralismus ökonomischer Analysen plädiert. Das Innenministerium zeigte sich gegenüber den Arbeitgeberverbänden schnell gefügig und erließ einen Vertriebsstopp. Der Deutsche Gewerkschaftsbund sprach kritisch von einem »historisch einmaligen Vorgang«. Nach einer heftig geführten Debatte wurde das Buch schließlich doch zur Verfügung gestellt – allerdings nur versehen mit einem »Warnhinweis«. 2017 aber blieb der Gegenwind aus, als die bpb-Beilage zur Wochenzeitschrift *Das Parlament*, namens *Aus Politik und Zeitgeschichte*, dem Marx'schen *Kapital* ein ganzes Heft widmete – mit durchaus auch wohlwollenden Beiträgen.

*Das Kapital*, das Marx einst als »das furchtbarste Missile« (Geschoss) kennzeichnete, »das den Bürgern [...] noch an den Kopf geschleudert worden ist« (MEW 31: 541), scheint heute nur mehr die »durchschlagende Wirkungslosigkeit eines Klassikers« mit

Goldprägung zu besitzen, wie einst Max Frisch die Entpolitisierung von Bertolt Brecht charakterisierte. Das Gespenst des Kommunismus, bewaffnet mit der Marx'schen Kritik, versetzt das Bürgertum heute nicht mehr in Angst und Schrecken. Es wurde zurück ins 19., allenfalls ins 20. Jahrhundert verbannt. Es wird allgemein anerkannt, dass Marx einen klassischen Beitrag zur Gesellschaftstheorie geliefert hat, damit aber zugleich nicht mehr *up to date* sei. Wie andere Klassiker wird Marx museumsreif geehrt, und es findet nur noch Streit darüber statt, wie der Kanon über ihn klingen soll und welche Mythen mit ihm verbunden werden. Dieses Schicksal teilt er nun mit anderen Klassikern der politischen Ökonomie, etwa Adam Smith oder John M. Keynes. Adam Smith wird überhaupt nicht mehr gelesen, aber alle haben bei seinem Namen sogleich das schöne Bild der »unsichtbaren Hand« des Marktes im Kopf, wenngleich diese Formulierung in *Der Wohlstand der Nationen* nur ein einziges Mal und in ganz anderem Kontext auftaucht. Dass Smith mit dem Bild der unsichtbaren Hand William Shakespeare zitiert und diese Metapher in *Macbeth* für das Schicksal steht, interessiert ebenso wenig wie die Tatsache, dass Smith nicht als Kronzeuge für den »freien Markt« aufgerufen werden kann. Kaum anders bei Keynes, der quasi als Antipode stilisiert wurde, der für »mehr Staat« und »billiges Geld« stehe. Beide – sowohl Smith als auch Keynes – sahen sich übrigens einer »Arbeitswerttheorie« verpflichtet, die heute wiederum nur Marx als ewig gestrig angekreidet wird. (→ *Marx' Arbeitswerttheorie ist nichts wert*)

Mit dem vorliegenden Büchlein wollen wir der skizzierten Dynamik etwas entgegensetzen. Selbstverständlich genügt es nicht, »daß der Gedanke zur Verwirklichung drängt, die Wirklichkeit« muss vielmehr »selbst zum Gedanken drängen« (MEW 1: 386). Radikale Kritik ohne Beine und Herz, ohne dass die Kritik selbst zu einer sozialen Macht wird, mag sie auch scharf sein, kann problemlos ignoriert werden. Theorie – so bereits Marx – wird erst dann zur »materiellen Gewalt«, wenn sie die Massen ergreift. Ideen mögen noch so ausgefeilt sein, wenn sie nicht wahrnehmbar artikuliert werden, werden sie auch nicht gehört.

## Was findet man in diesem Buch?

In unserem Band greifen wir relevante Mythen über Marx und seine Kritik der politischen Ökonomie auf. Dabei geht es uns nicht nur um Behauptungen *gegen* Marx, sondern auch um solche, die Marx zu viel in den Mund legen (→ *Mit dem* Kapital *können wir die Finanzkrise erklären*) oder die weitgehend stimmen (→ *Marx hat die Geschlechterverhältnisse ignoriert*). Wir werden im Folgenden zunächst stets herausarbeiten, was an einem Mythos dran ist. Unser Anliegen ist es dann, auf von Marx thematisierte und bis heute keinesfalls gelöste Probleme aufmerksam zu machen; den kursierenden Legenden möchten wir begründete Differenzierungen oder auch alternative Sichtweisen entgegen halten. Die Mythen, mit denen wir uns beschäftigen, sind keineswegs vollzählig und doch die aus unserer Sicht populärsten und wichtigsten. Wir haben sie kollektiv diskutiert und nicht immer einen Konsens finden können und wollen. Daher sind einzelne Kapitel von verschiedenen Personen geprägt.

## Wie ist das Buch aufgebaut und für wen ist es gedacht?

Die Reihenfolge der Mythen folgt keiner ausgefeilten Dramaturgie. Wir besprechen die Mythen so, dass sie nicht chronologisch gelesen werden müssen und damit jedes Kapitel für sich verständlich ist. Allerdings haben wir grundsätzlichere Mythen an den Anfang gestellt und widmen uns zum Ende hin den spezielleren Fragen. Auch verweisen wir wechselseitig auf die Kapitel, um Wiederholungen zu vermeiden. Sprache und Stil des Buchs möchten verständlich sein. Wir haben bewusst auf eine überschaubare Länge der Texte geachtet.

## Was leistet das Buch nicht?

Sicherlich ersetzt das Buch nicht die Lektüre der Marx'schen Texte. Auch wollen und können wir keine in Stein gemeißelten Antworten geben, den Mythen also nicht die vermeintlich reine Lehre des Marx'schen Originals entgegenhalten oder unsere Sichtweise als die einzig richtige Interpretation präsentieren. Uns ist bewusst, dass Vieles umstritten und heute noch Gegenstand zahlreicher Debatten ist, die in unseren eher kurzen Texten nicht wiedergegeben werden können. Zudem hat sich Marx' Sichtweise auf verschiedene Probleme im Laufe seines Lebens immer wieder gewandelt, und selbst *Das Kapital* ist nicht aus einem Guss, sondern ein unfertiges Werk geblieben, an dem Marx fortwährend gearbeitet hat. Darauf weisen wir in unserem Buch immer wieder hin und möchten damit anregen, sich mit dem Original zu beschäftigen.

## Wer wir sind und wem wir danken

Unser Autor_innenkollektiv besteht aus Personen, die sich seit vielen Jahren mit Marx'schen Texten, vor allem mit dem *Kapital*, beschäftigen und hierzu Lesekreise, Seminare und Workshops organisieren und durchführen. Dieses Buch ist auch Ergebnis der Erfahrungen, die wir im Rahmen unserer politischen Bildungsarbeit gemacht haben. Ein besonderer Dank geht deswegen an alle Teilnehmer_innen unserer Kurse und Workshops, die uns auf immer neue Fragen und neue Antworten bringen. Darüber hinaus möchten wir uns noch bei Valentin Dander, Wulf D. Hund, Flip Jansen, Martin Krauß, Anna Landherr, Sabine Nuss, Louise Thiel und Ann Wiesental bedanken. Steffen Kühne danken wir besonders für die Keksversorgung während unserer Arbeitstreffen. Für Fehler, Verkürzungen und andere Pannen zeichnen selbstverständlich allein wir verantwortlich.

## Zitierweise und Abkürzungen

Wir zitieren Marx' Texte nach den MEW, den Marx-Engels-Werken, den sogenannten blauen Bänden. Die erste Zahl nach den Lettern MEW verweist auf die jeweilige Nummer des Bandes, die Zahl danach auf die entsprechende Seitenzahl.

Wir wünschen viel Spaß beim Lesen!

## Marx' *Kapital* ist nicht mehr aktuell

*»Ich würde Marx […] nicht als unseren Zeitgenossen [betrachten], sondern als eine Gestalt einer vergangenen historischen Epoche«*

(Jonathan Sperber, Marx-Biograf, im Interview beim Deutschlandfunk, 18.3.2013)

### Das wird gesagt:

In seinem Hauptwerk *Das Kapital* beschäftigt sich Marx mit dem englischen Kapitalismus des 19. Jahrhunderts. Hierfür trifft seine Analyse zu. Auf heute ist sie jedoch nicht anwendbar. Er hat nicht mehr erlebt, wie sich der Kapitalismus entwickelt hat: Dienstleistungsgesellschaft (→ *Marx kann die Dienstleistungen nicht erklären*), digitalisierte Produktion, hochkomplexe Finanzmarktprodukte usw. *Das Kapital* ist ein Buch seiner Zeit und nicht mehr aktuell.

### Was ist dran?

Marx hat *Das Kapital* im 19. Jahrhundert geschrieben. Die meiste Zeit, in der sich Marx mit ökonomischen Themen beschäftigte, lebte er in London. Viele Beispiele im *Kapital* beziehen sich auf England. Es gibt also durchaus Anlass zu behaupten, sein dreibändiges Hauptwerk (die Bände zwei und drei hat Friedrich Engels aus Manuskripten von Marx zusammengestellt) habe zur Analyse der gegenwärtigen Gesellschaft nichts mehr beizutragen.

Marx beschreibt im *Kapital* allerdings keine historisch-spezifische Phase des Kapitalismus, also England im 19. Jahrhundert, sondern zielt auf eine allgemeine Analyse ab. Er fragt sich: Was macht den Kapitalismus ganz grundsätzlich aus?

Seinen Anspruch formuliert er bereits im Vorwort zum ersten Band: »Was ich in diesem Werk zu erforschen habe, ist die kapitalistische Produktionsweise und die ihr entsprechenden Produktions- und Verkehrsverhältnisse.« (MEW 23: 12) England – so Marx weiter – ziehe er als »Hauptillustration« seiner theoretischen Entwicklungen heran, weil es die »klassische Stätte« der kapitalistischen Produktionsweise sei. Die Ausführungen zu England sind damit vor allem Beispiele, die die theoretische Analyse plastischer machen sollen. Später erwog Marx sogar, die USA statt England als Beispiel anzuführen, weil sich dort der Kapitalismus idealtypisch entwickelte.

Ebenfalls im Vorwort zum ersten Band formuliert Marx, der »letzte Endzweck dieses Werks« sei, »das ökonomische Bewegungsgesetz der modernen Gesellschaft zu enthüllen« (MEW 23: 15f.) oder –

wie er im dritten Band schreibt – »die innere Organisation der kapitalistischen Produktionsweise« (MEW 25: 839) und die »Analyse des Kapitals in seiner Kernstruktur« (MEW 25: 278). Beim *Kapital* handelt es sich folglich um eine Analyse mit dem Anspruch, von den historisch-spezifischen Ausformungen des Kapitalismus abzusehen. Es geht Marx um Merkmale, Funktionsweisen und ökonomische Zusammenhänge, die sich nicht nur im England des 19. Jahrhunderts finden, sondern immer dann, wenn vorwiegend kapitalistisch produziert wird. Damit kann seine Analyse an Aktualität nur dann verlieren, wenn die kapitalistische Produktionsweise nicht mehr die dominierende ist – natürlich vorausgesetzt, Marx' Analyse ist zumindest im Wesentlichen richtig: Es ist durchaus notwendig zu prüfen, ob Marx konkrete historische Eigenheiten der ökonomischen Verhältnisse im England des 19. Jahrhunderts mit Zusammenhängen verwechselte, die den Kapitalismus im Allgemeinen ausmachen. Wenn dem so ist, müsste die Theorie entsprechend modifiziert werden.

Um aktuelle wirtschaftliche Phänomene zu untersuchen, ist die Marx'sche Theorie eine unverzichtbare Grundlage. Auch wenn Marx beispielsweise. nicht alle Aspekte des Finanzkapitals abschließend analysierte, ist es möglich, ihnen mit seiner Theorie – und über seine Theorie hinaus – auf den Grund zu gehen. Ein Beispiel hierfür ist eine auf Marx aufbauende Erklärung von »Blasen« auf dem Finanzmarkt.

Der Mainstream-Wirtschaftswissenschaft zufolge existieren diese nämlich gar nicht. So behauptet etwa Eugene Fama, der 2013 mit dem Wirtschaftsnobelpreis ausgezeichnet wurde: »Es gibt keine Blasen an den Märkten«*. Zu dieser Aussage kommt er wohl nur, weil die neoklassische Theorie, deren Anhänger er ist, keine Erklärung für ein solches Phänomens hat. Was in der Theorie nicht existiert, kann es auch gar nicht geben – so die Logik.

Marx hingegen erklärt, dass das vorgeschossene Kapital eines Unternehmens, das durch einen Kredit oder über Anleihen oder Aktien finanziert wurde, zugleich wirkliches Kapital in der Produktion darstellt und außerdem in Form eines Eigentumstitels existiert. Dieser Titel verleiht der Inhaber_in Anspruch auf Zins und Tilgung (bei Anleihen) bzw. auf Dividende (bei Aktien). Ein solcher Anspruch bzw. die zugrunde liegenden Wertpapiere können gehandelt werden. Die Preise dieser Wertpapie-

* www.faz.net/aktuell/wirtschaft/wirtschaftspolitik/nobel-gedenkpreistraeger-fama-es-gibt-keine-blasen-an-den-maerkten-12620969.html

re bilden sich auf der Grundlage von »Vertrauen« auf einen zukünftigen Gewinn und sind damit relativ unabhängig von der eigentlichen Produktion. Im Fall eines Bankrotts ist nicht nur das investierte wirkliche Kapital vernichtet, auch der Wert der Wertpapiere ist gefallen. Wenn das bei zahlreichen Unternehmen einer vermeintlich gewinnträchtigen Branche (Immobilen, Internet-Unternehmen etc.) gleichzeitig passiert, dann – so heißt es – ist die »Blase« geplatzt.

Auf der Grundlage der Marx'schen Analyse lässt sich hier wesentlich mehr erklären als mit Ansätzen der herrschenden Wirtschaftslehre.

## Marx kann die Dienstleistungen nicht erklären

### Das wird gesagt:

Dienstleistungen spielen bei Marx keine Rolle. Im Kapital konzentriert er sich auf Waren, die physisch fassbare Produkte sind. Er kann deswegen die Entwicklung des Kapitalismus nach dem 19. Jahrhundert – und somit unsere sogenannte Dienstleistungsgesellschaft – nicht erklären. Dabei beobachten wir seit Jahren eine Zunahme des Dienstleistungssektors etwa in den Bereichen des Handels und der Logistik.

### Was ist dran?

Eigentlich nicht so viel, aber Marx' Ausdrucksweise am Anfang des *Kapital* – wo er sich mit der »Ware« beschäftigt – kann tatsächlich irreführend sein. Dort spricht er nämlich in Bezug auf die Ware vom »Ding« oder »Warenkörper« und erweckt damit den Eindruck, nur physisch fassbare Produkte seien auch Waren.

Später wird er allerdings selbst sagen, dass er nicht nur die Sphäre der materiellen Produktion meint und auch etwas wie Bildung kapitalistische Ware sein kann (MEW 23: 532). Ob ein Produkt Ware ist, hängt nicht von seinen physischen Qualitäten ab, sondern vom gesellschaftlichen Zusammenhang, in dem es hergestellt und ausgetauscht wird.

Ob ein Kuchen zum Beispiel eine Ware ist, ist nicht davon abhängig, ob er aus Sahne oder Schokolade besteht, ob er gut oder schlecht schmeckt, sondern im welchem Zusammenhang und zu welchem Zweck er gebacken wird. Backe ich zu Hause einen Kuchen, um ihn allein oder zusammen mit meinen Mitbewohner_innen zu essen oder um ihn jemandem zum Geburtstag zu schenken, ist dieser Kuchen keine Ware. Bin ich aber bei Starbucks angestellt und backe den Kuchen, damit er mit Profit auf dem Markt verkauft wird, so ist der Kuchen eine Ware. Ware ist also ein Produkt, das Bedürfnisse anderer befriedigt und ge- und verkauft wird. Was genau das für ein Produkt ist, ob man es anfassen kann oder nicht, spielt grundsätzlich keine Rolle.

Wenn dem so ist, trifft die Analyse von Marx auf Dienstleistungen genauso zu wie auf materielle Dinge. Dass eine Taxifahrt oder eine Auskunft vom Call Center keine »Dinge« sind, ändert nichts an ihrem möglichen Warencharakter. Auch die Taxifahrt befriedigt das Bedürfnis einer Person, sich von A nach B zu bewegen und wird gegen Geld also auf dem Markt ge- und verkauft. Der einzige Unterschied zwischen physisch fassbaren Waren und

Dienstleistungen besteht darin, wie und wann das Produkt konsumiert wird. Gegenstände werden in der Regel nach ihrer Produktion konsumiert: Erst wird der Kuchen gebacken, dann wird er verkauft und danach gegessen. Die Taxifahrt hingegen wird während der Produktion – während der Fahrt selbst – konsumiert.

Nicht nur bei der Definition der Ware, sondern in der Gesamtanalyse im *Kapital* ist die Beschäftigung mit der gesellschaftlichen Form zentral. Wäre dies nicht der Fall, könnte Marx seine Hauptfrage – was Kapitalismus ausmacht – nicht beantworten und seine Analyse würde sich auch nicht grundlegend von der anderer Ökonomen seiner Zeit unterscheiden. Es gab schon immer Produkte, die Bedürfnisse befriedigt haben, die Menschen haben schon immer gearbeitet, und es gab auch in anderen Gesellschaften schon Geld, das gegen Zins verliehen wurde. Aber welche gesellschaftliche Form Produktion, Tausch und Geld annehmen und wie sich die Organisation von Gesellschaft unter kapitalistischen Vorzeichen von anderen Gesellschaftsordnungen unterscheidet, ist die Frage, die Marx zu beantworten sucht. Bleibt die Frage nach dieser gesellschaftlichen Form unberücksichtigt, bleibt ein Kuchen ein Kuchen, im Mittelalter wie im Kapitalismus, so wie ein Bauer ein Bauer bleibt, ob er für den Feudalherren oder für Monsanto arbeitet. Und was Dienstleistungen angeht, unterscheidet sich der mittelalterliche Flussschiffer dann nicht von der lohnabhängigen Schiffsoffizierin bei Hapag-Lloyd.

## Heute gibt es keine Ausbeutung mehr

### Das wird gesagt:

In weiten Teilen der Welt sind Arbeitsbedingungen und Arbeitszeiten gesetzlich geregelt. Dort vertreten die Gewerkschaften die Interessen der Arbeitnehmer_innen und handeln für sie faire Löhne aus, die vertraglich festgeschrieben werden. In den meisten Ländern gibt es darüber hinaus einen gesetzlichen Mindestlohn. Wenn diese Vereinbarungen nicht eingehalten werden, können sich die Arbeiter_innen an Arbeitsgerichte wenden. Zumindest in den reicheren Ländern der westlichen Welt kann man daher nicht mehr von Ausbeutung im Sinne von Marx reden.

### Was ist dran?

Es stimmt, dass sich die Arbeitsbedingungen der Menschen seit dem 19. Jahrhundert vor allem in Europa und den USA verbessert haben. Insbesondere in der Zeit zwischen dem 2. Weltkrieg und den 1970er Jahren gab es hinsichtlich der Situation der Lohnarbeitenden in diesen Ländern deutliche Fortschritte: Die Löhne stiegen, der 8-Stunden-Tag und eine deutlich bessere soziale Absicherung wurden durchgesetzt. Institutionen wie Staat und Gewerkschaften verhandeln heute mit Unternehmen über Mindeststandards, die die Gesundheit und andere grundsätzliche Rechte von Arbeitnehmer_innen schützen. All dies heißt aus der Marx'schen Perspektive aber nicht, dass es heute keine Ausbeutung mehr gibt. Ausbeutung ist bei Marx kein Synonym für besonders schlechte Arbeitsbedingungen oder niedrige Löhne. Ausbeutung ist in erster Linie ein analytischer Begriff, der ein Verhältnis darstellt, das die kapitalistische Produktionsweise grundsätzlich auszeichnet.

Sehen wir uns das näher an: Laut Marx ist Kapitalismus von Profitproduktion gekennzeichnet: Kapitalisten investieren nur dann, wenn sie sich von dem vorgeschossenen Geld letztlich einen Gewinn versprechen. Marx fragt sich nun, wo dieser Profit herkommt. Seine Antwort: Einen Profit kann es nur dann geben, wenn die Arbeiter_innen so lange arbeiten, dass sie nicht nur Produkte im Wert ihrer eigenen Löhne, sondern Produkte in einem Umfang herstellen, der neben diesen Löhnen auch noch einen darüber hinausgehenden Profit erzeugt. Die gesamte Arbeitszeit der Beschäftigten teilt sich also in zwei Teile: Im einen Teil produzieren sie Produkte im Wert ihrer Löhne (das ist laut Marx die notwendige Arbeitszeit). Im anderen Teil leisten sie Mehrarbeit, die den Profit produziert, den die Kapitalisten sich aneignen. Diesen Umstand nennt Marx Ausbeutung. Der Grad der Ausbeutung ergibt sich aus dem Verhältnis der Mehrarbeitszeit zur notwendigen Arbeitszeit und ist von vielen Faktoren abhängig. Nicht zuletzt bestimmen ihn die jeweiligen Kräfteverhältnisse: Insbesondere die Stärke der Gewerkschaften oder die Kampfkraft der Arbeitnehmer_innen im Allgemeinen können die Länge der Mehrarbeitszeit beeinflussen und damit den Grad der Ausbeutung. Damit überhaupt Profit erzeugt wird, kann die Mehrarbeitszeit aber nie gleich Null sein. Ohne Ausbeutung kein Profit und kein Kapitalismus.

An dieser Stelle noch zwei Präzisierungen: Erstens: Marx nimmt durch seinen analytischen Begriff von Ausbeutung also keine Bewertung vor, etwa im Sinne von besonders schlechten oder kritikwürdigen Arbeitsverhältnissen. Das heißt aber nicht, dass er menschenverachtende Arbeitsbedingungen nicht kritisiert hätte.

Zweitens: Ausbeutung, wie Marx sie versteht, ist keine Besonderheit des Kapitalismus. Wenn gilt, dass es keinen Kapitalismus ohne Ausbeutung gibt, so bedeutet das umgekehrt nicht, dass Ausbeutung nur im Kapitalismus existiert. Als Zwang, mehr zu arbeiten, als für die eigene Reproduktion nötig ist, existierte Ausbeutung auch in anderen Gesellschaften. Zum Beispiel mussten Bauern in Mittelalter einen Teil ihrer Zeit für die Feudalherren arbeiten. Diese Zweiteilung war aber sehr klar und oft auch örtlich oder zeitlich sichtbar. Die Bauern bearbeiteten etwa zeitweise ihr eigenes Feld und in einem anderen Zeitfenster das Feld der Herren. Sie wussten also immer sehr genau, dass und wieviel sie an Mehrarbeit leisteten und dass sie diese für ihre Herren leisteten.

Marx untersucht nun, was das Besondere an der *kapitalistischen* Ausbeutung ist. Im Kapitalismus ist aufgrund der Bezahlung in Geld die Tatsache der Mehrarbeit verdeckt. Die Lohnzahlung verschleiert die Mehrarbeit. Obwohl er nur den notwendigen Teil der Arbeitszeit vergütet, erscheint der Lohn als Bezahlung der gesamten geleisteten Arbeit. Auf dieser Grundlage basiert die Vorstellung, dass Ausbeutung nicht mit der Ableistung von Mehrarbeit, sondern mit besonders schlechten Löhnen oder Arbeitsbedingungen zu tun habe. Umgekehrt ist die Vorstellung oder die Forderung eines »gerechten Lohns« kein Infragestellen von Mehrarbeit und Ausbeutung. Zwar sind höhere Löhne sicher besser als niedrige. Solange aber Kapitalismus herrscht und

Profit produziert werden muss, muss auch immer ein Teil der Arbeitszeit unbezahlt bleiben. Dementsprechend schreibt Marx in *Lohn, Preis und Profit*: Die Arbeiterklasse »sollte nicht vergessen, daß sie gegen Wirkungen kämpft, nicht aber gegen die Ursachen dieser Wirkungen [...]. Statt des *konservativen* Mottos: ›*Ein gerechter Tagelohn für ein gerechtes Tagewerk!*‹, sollte sie auf ihr Banner die *revolutionäre* Losung schreiben: ›*Nieder mit dem Lohnsystem!*‹« (MEW 16: 152; Herv. i. Orig.)

## Es gibt keine Klassen mehr

*»Wer behauptet, dass Deutschland eine Klassengesellschaft sei, muss eine ziemlich verzerrte Wahrnehmung der Realität haben.«*

(Thomas Straubhaar, Professor für internationale Wirtschaftsbeziehungen an der Universität Hamburg, *Die Welt*, 21.2.2013)

### Das wird gesagt:

Es gibt keine Klassen mehr. Der soziale Aufstieg ist heute für jede_n möglich. Er hat nichts mehr mit Herkunft oder Geld zu tun, sondern vielmehr damit, ob man sich Ziele setzt und sich anstrengt. Wer heute noch von Klassen redet, will bloß Neid schüren und den anderen die Schuld am eigenen Misserfolg geben.

### Was ist dran?

Durch Umverteilungs- und Bildungspolitiken wurde in der zweiten Hälfte des 20. Jahrhunderts in vielen Ländern versucht, soziale Unterschiede auszugleichen und individuellen Aufstieg vornehmlich durch Zugang zu Bildung zu ermöglichen. Auch heute ist es häufig das erklärte Ziel der Politik, dass für individuelle Bildungsabschlüsse, Einkommenshöhen und

Karrierewege die soziale Herkunft keine Rolle spielen solle. Die Rede ist von Chancengleichheit. Auch wenn die soziale und kulturelle Durchlässigkeit der Gesellschaft etwas erhöht wurde, hängen faktische Aufstiegschancen jedoch bis heute ganz entscheidend von der sozialen Herkunft ab. Seit dem Ende des 20. Jahrhunderts verschärft sich die soziale Spaltung in der Gesellschaft sogar wieder. Diese Entwicklung deutet auf eine generelle Tendenz kapitalistischer Gesellschaften hin, soziale Unterschiede hervorzubringen und Ungleichheiten zu vergrößern.

Die Idee, deshalb von einer Klassengesellschaft zu sprechen, stammt nicht erst von Marx. Schon vor ihm teilte die klassische politische Ökonomie die Gesellschaft in drei Klassen ein: Arbeiter_innen, Kapitalisten und Grundeigentümer. Diese Klassen definieren sich aus ihren jeweiligen Einkommensquellen: Arbeit (in der Regel: Lohn), Kapital und Bodenrente. Obwohl die heutige Mainstream-Volkswirtschaftslehre nicht mehr von Klassen spricht, erkennt sie die Unterscheidung dieser drei Einkommensformen an. Sie interessiert sich allerdings nicht für die Frage, warum die Verschiedenheit der Einkommensquellen zu einer Ungleichheit in der Gesellschaft führt und warum dadurch die große Mehrheit der Bevölkerung von oftmals spärlichen

Lohneinkünften lebt, ein nur sehr kleiner Teil aber von exorbitanten Kapitalerträgen.

Bei Marx gibt es zwar keine abgeschlossene Klassentheorie, aber sein gesamtes Werk durchziehen klassentheoretische Ausführungen, wie auch alle drei Bände des *Kapital*. Am Ende des dritten Bandes gibt es dann auch ein Kapitel mit dem Titel *Die Klassen*, das allerdings nach lediglich zwei knappen Seiten endet, was vom Herausgeber Friedrich Engels mit »Hier bricht das Manuskript ab« (MEW 25: 893) kommentiert ist. Marx beschreibt hier zwar, »die unendliche Zersplitterung der Interessen und Stellungen« (ebd.), was eine Klasse aber bilde, führt er nicht mehr aus. Allerdings formuliert Marx bereits die weichenstellende Frage: Wenn die Unterschiede im Einkommen und folglich in den Arbeits- und Lebensrealitäten der Lohnabhängigen – beispielsweise zwischen Ärzt_innen, leitenden Angestellten, prekären Leiharbeiter_innen und migrantischen Haushaltshilfen – derart groß sind, inwiefern können wir dann überhaupt von der Existenz *einer* Klasse ausgehen? Müssten wir nicht eher von vielen Milieus oder Schichten sprechen?

Für Marx ist die Klassenfrage vordergründig eine Frage nach der Funktion, die einer Person innerhalb der kapitalistischen Produktionsweise und der mit ihr einhergehenden Arbeitsteilung zukommt. Er sieht in seiner Analyse also zunächst von kulturellen Fragen und Einkommenshöhen ab. Jede_r Vertreter_in einer Klasse steht für ihn als »Personifikation ökonomischer Kategorien, Träger von bestimmten Klassenverhältnissen und Interessen« (MEW 23: 16). Gemeint sind also nicht die konkreten Menschen mit ihren zufälligen Bedürfnissen, sondern die Personen in ihren gesellschaftlichen Rollen und ihren diesen Rollen entsprechenden Interessen. Der Kapitalist ist also der Träger der ökonomischen Funktion, Geld zu investieren, um mehr Geld einzunehmen. Voraussetzung dafür ist, dass er auch die Produktionsmittel kontrolliert, also die Lohnabhängigen von der Verfügung über Maschinen etc. ausschließt. Sein Interesse ist es, die Kapitalverwertung (das heißt die profitorientierten Abläufe in seinem Unternehmen) am Laufen zu halten und die Rendite möglichst zu steigern, um Reinvestitionen zu tätigen und Dividenden an die Aktionäre auszuschütten. Grundeigentümer wiederum sind all jene, die von der Vermietung oder Verpachtung ihres Eigentums an Grund und Boden sowie ihrer Immobilien leben. Ihr Interesse besteht darin, einen möglichst großen Teil der Profite und Löhne der anderen abzuknapsen. Arbeiter_innen bzw. Lohnabhängige schließlich sind diejenigen, die nichts zu verkaufen haben als ihre Arbeitskraft, über die sie immerhin frei verfügen können – anders als etwa im Mittelalter, wo viele Bauernfamilien Leibeigene waren und somit an Land und Fürsten gebunden. Im Interesse der Lohnabhängigen sind möglichst gute Arbeits- und Lebensbedingungen: geringe Arbeitszeit, Gesundheitsschutz, Mitbestimmung, hohe Löhne etc. Kleine Selbstständige bilden, insofern sie nicht scheinselbstständig und damit eigentlich lohnabhängig sind, eine eigene Gruppe, die jedoch konstant relativ klein ist und von Marx nicht extra aufgeführt wird. Sie bieten oft eigenständig Dienstleistungen an und müssen sich – wie auch die Lohnabhängigen – in der Konkurrenz zueinander behaupten. Ihre Interessen sind wechselhaft, je nachdem, ob sie sich in Richtung eines kleinen Unternehmens mit eigenen Beschäftigten entwickeln oder eher als »Ich-AG« in die Klasse der Arbeiter_innen fallen. Und schließlich gibt es noch diejenigen, die von den Arbeitsmärkten ausgeschlossen bleiben, das sogenannte Lumpenproletariat. Marx begreift sie auch als eine im kapitalistischen Sinne überflüssige Überschussgesellschaft (→ *Marx dachte, die Arbeiter_innen würden immer ärmer*).

Die verschiedenen Klassen haben also jeweils eigene, einander ausschließende und widerstreitende Interessen: Die einen wollen geringere Arbeitszeiten, die anderen fordern mehr Arbeit und verwehren wenn möglich Lohnerhöhung. Dieser für den Kapitalismus fundamentale Interessenwiderspruch zwischen Lohnabhängigen und Kapitaleignern ist für Marx Ausdruck dessen, dass Arbeiter_innen von Kapitalisten ausgebeutet werden (→ *Heute gibt es keine Ausbeutung mehr*). Kapitaleigner können nur Profite machen, weil sie die Arbeiter_innen dazu zwingen können, wertmäßig mehr zu produzieren, als diese durch ihre Löhne ausbezahlt bekommen. Das führt zu Konflikten und bringt Organisationen hervor, die entlang ihrer Klasseninteressen definiert sind, also Arbeitgeberverbände und Gewerkschaften. Da die Kapitalisten allerdings über die Unternehmen und finanziellen Ressourcen verfügen, ist die Macht ungleich verteilt und der Konflikt damit durch eine Asymmetrie gekennzeichnet. Da diese Asymmetrie strukturell und permanent ist, wird an ihr deutlich, dass Klassenverhältnisse eben auch Herrschaftsverhältnisse sind. Auch deshalb versteht Marx die Lohnabhängigen, trotz der Unterschiede zwischen ihnen, als eine Klasse: Sie alle werden von der Klasse der Kapitaleigner gleichermaßen – wenn auch graduell unterschiedlich – ausgenutzt, ausgebeutet und beherrscht. Diese Form des Klassenunterschieds ist für den Kapitalismus grundlegend. Wie auch immer ihre konkrete historische Gestalt aussehen mag, bleibt eine kapitalistisch wirtschaftende Gesellschaft stets eine Klassengesellschaft.

Eine relative »soziale Mobilität« Einzelner ist kein Beweis gegen die Existenz von Klassen, sondern vielmehr Kennzeichen bürgerlicher Gesellschaften. In vorkapitalistischen Gesellschaften war man qua Geburt an eine bestimmte Stellung innerhalb der gesellschaftlichen Arbeitsteilung gebunden. Heute steht jede_r Bürger_in zumindest formell die Freiheit zu, selbst zu entscheiden, auf welchem Arbeitsmarkt sie ihre Arbeitskraft verkauft. Allerdings gelingt der soziale Aufstieg in die Klasse der ökonomisch Herrschenden, der Kapitaleigner, nur in sehr seltenen Fällen. An der gesellschaftlichen Grundstruktur ändert dies wenig. Insgesamt gilt: Es gibt keine kapitalistische Gesellschaft ohne die Klasse der Lohnarbeiter_innen. Und es wird auch keinen Kapitalismus geben, ohne diejenigen, die die Arbeitskräfte kontrollieren und ausbeuten, sich somit deren Mehrarbeit aneignen – die Unternehmer_innen. Die eine Seite des Klassenverhältnisses bedingt die andere. Solange die kapitalistische Profitlogik die Gesellschaft beherrscht, wird es auch die Klassen der Kapitaleigner auf der einen und diejenige der Lohnabhängigen auf der anderen Seite geben.

## Bei Marx spielt die individuelle Freiheit keine Rolle

### Das wird gesagt:

In einer Gesellschaft nach Marx' Vorstellungen können die Individuen nicht das tun, was sie wollen. Jede_r muss sich den Regeln des kommunistischen Kollektivs unterordnen. Die Gemeinschaft und der Staat stehen über dem Individuum. Alle werden gleichgemacht. Andersdenkende werden diskriminiert.

### Was ist dran?

Die Ansicht, Marx kenne keine individuelle Freiheit, speist sich aus den historischen Erfahrungen (→ *Marx' Theorie musste zum Stalinismus führen*). Die wenigen Hinweise, in denen Marx auf das Thema Sozialismus eingeht, legen nahe, dass eine Gesellschaft nach Marx' Vorstellungen wohl anders ausgesehen hätte, als es der genannte Mythos nahelegt. Wie genau diese Gesellschaft und wie individuelle Freiheit sich darin darstellen würden darüber schweigt er sich aus. Warum? Weil uns Marx kein Konzept des Kommunismus hinterlassen hat. Das hätte nicht nur seiner Auffassung von Befreiung widersprochen, sondern er lehnte es explizit ab, ein Freiheitskonzept aufzustellen, das es nur umzusetzen gelte. Emanzipation ist Marx zufolge immer eine Selbstbefreiung. Wie Freiheit und Emanzipation aussehen sollen, kann weder durch die Kirche noch durch den Staat oder durch irgendeine noch so schlaue Avantgarde vorformuliert werden. Marx ging es vielmehr darum, dass die Menschen ihre Lebensbedingungen selbst verstehen lernen und sie in die eigene Hand nehmen. Der Prozess der Emanzipation selbst bestimmt Freiheit und setzt sie durch. Eine Umsetzung einer noch so gut gemeinten Blaupause kann nur scheitern.

Die Verwirklichung individueller Freiheit ist das zentrale Motiv der Marx'schen Arbeit. Hinter die Errungenschaften der bürgerlichen Freiheit, die persönliche Herrschaft- und Abhängigkeitsverhältnisse hinter sich ließ, wollte auch Marx nicht zurückfallen. Aber: Für ihn war die bürgerliche Freiheit nicht der Weisheit letzter Schluss, was mitunter bis heute noch behauptet wird. Das zentrale Problem, so Marx: Freiheit, Gleichheit und Brüderlichkeit stehen den Menschen in der bürgerlichen Gesellschaft nur abstrakt zu. Alle Menschen sind »nur« formal frei und gleich. Real sind sie ungleich und alles andere als frei. Die einen verfügen über Geld oder Eigentum, die anderen besitzen nur eben gerade so viel, dass es zum Leben reicht, oder noch nicht einmal das. Dafür müssen sie aber auch noch ihr einziges Eigentum permanent verkaufen, über das sie als Freie und Gleiche verfügen: ihre Arbeitskraft. Als Freie und Gleiche treffen sie auf dem Markt auf diejenigen, die gegen Lohn die Arbeitskraft kaufen. So kommt es, dass einige ihr Geld investieren können; andere dagegen sind gezwungen, mit diesen »Investoren« Arbeitsverträge abzuschließen. Sie sind also nicht frei, haben keine Wahlfreiheit, sondern sind faktisch gezwungen, ihre Arbeitskraft zu verkaufen, um ihre Existenz zu sichern. Obwohl alle formal frei und gleich sind, stellt sich so die materielle Ungleichheit der Menschen stets und ständig wieder von neuem her.

Marx wollte die gesellschaftliche Spaltung, die trotz individueller Freiheiten immer noch Herrschaft und Sachzwang bedeutet, überwinden. Ihr stellte er eine »Assoziation« gegenüber, »worin die freie Entwicklung eines jeden die Bedingung für die freie Entwicklung aller ist.« (MEW 4: 482) Marx hat Freiheit nicht aus der »Natur des Menschen« abgeleitet, sondern gezeigt, dass unterschiedliche gesellschaftliche Rahmenbedingungen je spezifische Freiheiten ermöglichen und umgekehrt: spezifische Formen von Herrschaft und Ausbeutung bedeuten. Diese Rahmenbedingungen sind menschengemacht – und veränderbar. Er befürwortete eine Freiheit, die durch eine freie Assoziation der Menschen hergestellt wird. In einer Klassengesellschaft, die aus vereinzelten Marktakteuren besteht, ist das nicht möglich.

Die Freiheit beginnt für Marx zum einen da, wo die materiellen Bedürfnisse einer Gesellschaft und ihrer Mitglieder gesichert sind. Auch die Technik hilft nur bedingt, die Menschen zu befreien. Marx war zwar ein großer Anhänger des technischen Fortschritts (→ *Marx verherrlichte den industriellen Fortschritt*), denn dieser kann den Menschen viel Mühen und Lasten ersparen. Er musste aber feststellen, dass er im Kapitalismus vor allem zur Profitmaximierung eingesetzt wird. Zu Arbeitszeitverkürzung haben die neuen Technologien in den letzten 20 Jahren nicht geführt, sonst könnten die Menschen sich heute auch anderen Dingen widmen. Zum anderen liegt die Freiheit aber auch in der tätigen Selbstverwirklichung, was durchaus Überschneidungen mit dem haben kann, was heutzutage Arbeit genannt wird. Dabei geht es Marx nicht darum, dass alle gleich viel leisten müssen. Es geht ihm auch nicht darum, dass jede_r nur so viel bekommt, wie er oder sie gearbeitet hat. Marx will an die so verschiedenen Menschen gerade nicht die gleichen Maßstäbe anlegen. In seiner Kritik des Programms der deutschen Arbeiterpartei schreibt er vielmehr: »Jeder nach seinen Fähigkeiten, jedem nach seinen Bedürfnissen!« (MEW 19: 21)

## Marx wollte alles verstaatlichen – sogar meine Zahnbürste!

*»Für Karl Marx war die Lösung klar: Verstaatlichung.«*

(Norbert Häring, im *Handelsblatt* zu Marx' Antwort auf eine Finanz- und Bankenkrise, 29.5.2017)

### Das wird gesagt:

Im Gegensatz zu jedem liberalen Selbstverständnis ist für Marx der Staat die Lösung aller politischen und ökonomischen Probleme: Krisen sollen durch Verstaatlichung gelöst und die freie Marktwirtschaft durch einen vom Staat dominierten Sozialismus ersetzt werden.

### Was ist dran?

Privates Eigentum hat Marx wahrlich nicht verteidigt, und in Systemen, die sich sozialistisch nannten oder nennen, wurde und ist tatsächlich vieles verstaatlicht. Wollte Marx also das Privateigentum abschaffen und alles zu Staatseigentum machen?

Zunächst: Privateigentum ist eine Rechtsform. Sie bestimmt die Verfügungsgewalt über eine Sache: Wer Eigentümer_in ist, kann andere von der Nutzung ausschließen. Privateigentum ist wie ein unsichtbarer Zaun. Für den Kapitalismus, so Marx, ist die Unterscheidung zwischen Eigentum an individuellen Konsumgütern und Eigentum an Produktionsmitteln von zentraler Bedeutung. Konsumgüter werden von Menschen gekauft, um ihre Bedürfnisse zu befriedigen: Brot wird gegessen, Kleidung wird getragen, mit der Zahnbürste werden die Zähne geputzt. Das ist ihr Zweck. Ganz anders die Produktionsmittel wie Maschinen, Fertigungsanlagen und so weiter. Ihr Zweck ist es, aus Geld mehr Geld zu machen. Es sind Investitionen, die Profit abwerfen sollen.

Im Kapitalismus sind alle Menschen Privateigentümer an Konsumgütern – alle haben eine Zahnbürste. Vorausgesetzt es wurde zuvor eine gekauft, was wiederum der Zahnbürstenindustrie Geld in die Kassen spült. Die Zahnbürste war zwar zuvor Eigentum des Kapitals, aber dieses muss die Waren verkaufen, das Eigentum aufgeben, um Profit zu machen. Anders sieht es mit den Produktionsmitteln aus. Nur wenigen Menschen gehören überhaupt Produktionsmittel. Das Eigentum an ihnen versetzt die Eigentümer_innen – die Kapitalist_innen – in die Lage, andere Leute für sich arbeiten zu lassen, sie auszubeuten (→ *Heute gibt es keine Ausbeutung mehr*), um Profit zu erzielen. Das bedeutet: Auf der einen Seite stehen demnach jene, die Produktionsmittel besitzen; auf der anderen Seite jene, die keine Produktionsmittel haben, sondern nur ihre Arbeitskraft und mit ihrem Lohn Konsumgüter wie etwa eine Zahnbürste kaufen müssen – wir leben in einer Klassengesellschaft (→ *Es gibt keine Klassen mehr*).

Worum geht es Marx also, wenn er eine grundlegende Veränderung der Eigentumsverhältnisse fordert? Um die Enteignung der Kapitalist_innen von den Produktionsmitteln. Nicht also darum, uns allen unsere Konsumgüter zu nehmen – sie sollen denjenigen gehören, die sie benutzen. Fabriken und Maschinen hingegen sollen vergesellschaftet werden, also all das, womit der gesellschaftliche Reichtum hergestellt wird. Marx spricht nicht von Verstaatlichung, vielmehr sollen die Produktionsmittel gemeinsam verwaltet und kontrolliert werden, ohne Staat. Erst dadurch sind die Menschen in der Lage, ihre Arbeitsbedingungen und den Zweck der Produktion selbst zu bestimmen. Für die genossenschaftliche Idee etwa hatte Marx Sympathien, wusste aber um deren Beschränktheit in einem kapitalistisch dominierten Umfeld. Allein eine kollektive Eigentumsform wie die Genossenschaft hebelt noch nicht den Zweck der Produktion (Profit) aus. Genossenschaften (und auch Aktiengesellschaften) sind Formen kollektiven Eigentums und können (trotzdem) wie Unternehmen agieren, die allein der Profitlogik gehorchen.

Was bedeutet es, die Produktionsmittel gesellschaftlich und nicht privat zu kontrollieren? Marx entwarf keine Utopie einer kommunistischen Gesellschaft. Es finden sich lediglich einzelne, sehr allgemein gehaltene Anmerkungen, etwa zur Pariser Kommune, die für Marx eine einschneidende historische Erfahrung war. Die Arbeiter_innen in Paris hatten 1871 für etwas mehr als zwei Monate die Macht in der Hauptstadt Frankreichs übernommen. Bewaffnete Kommunard_innen ersetzten das stehende Heer. Jederzeit abwählbare Räte regierten die Stadt, deren Mehrzahl aus Arbeiter_innen bestand. Marx sah darin ein mögliches Beispiel für eine grundlegende Veränderung der gesellschaftlichen Verhältnisse. Produktion und Verteilung der Güter sollten nicht mehr von den Regeln des Privateigentums und des Marktes bestimmt werden, sondern gemäß den Bedürfnissen der Menschen. Zweck der Produktion sollte die Befriedigung der Bedürfnisse sein, nicht der Profit.

Während der Pariser Kommune zeterten die Besitzenden der Produktionsmittel, die Kommune wolle das Eigentum abschaffen. Marx antwortete:

»Jawohl, meine Herren, die Kommune wollte jenes Klasseneigentum abschaffen, das die Arbeit der vielen in den Reichtum der wenigen verwandelt. Sie beabsichtigte die Enteignung der Enteigner. Sie wollte das individuelle Eigentum zu einer Wahrheit machen, indem sie die Produktionsmittel, den Erdboden und das Kapital, jetzt vor allem die Mittel zur Knechtung und Ausbeutung der Arbeit, in bloße Werkzeuge der freien und assoziierten Arbeit verwandelt.« (MEW 17: 342) In einer solchen Ökonomie stünden sich die Menschen nicht als Marktakteure gegenüber. Kooperation ersetzte die Konkurrenz. Die Menschen kontrollierten gemeinsam die Bedingungen der Produktion, ihre Arbeit und ihre Zeit. Es wäre der Übergang »vom Reich der Notwendigkeit« in das »Reich der Freiheit« (MEW 25: 828).

## Marx hat die Geschlechterverhältnisse ignoriert

*»Frauenarbeit: Der blinde Fleck in der Kritik der politischen Ökonomie«*

(Claudia von Werlhof)

### Das wird gesagt:

Marx hat in seiner Kapitalismusanalyse die Geschlechterverhältnisse vernachlässigt, ganz so als spielten sie für das Verständnis des Kapitalismus keine Rolle. Marx ist demnach blind für die unbezahlte Frauenarbeit im Haushalt und für Lohnunterschiede zwischen Frauen und Männern.

### Was ist dran?

Ja, es stimmt: Marx beschäftigt sich im *Kapital* nicht mit dem Geschlechterverhältnis, er betrachtet es für die Analyse der kapitalistischen Produktionsweise als unbedeutend. Daher bleibt ihm der Stellenwert dieser Form von Herrschaft im Kapitalismus verborgen und er fällt hinter die Positionen feministischer Zeitgenoss_innen zurück, etwa André Léo, Victoria Woodhull oder Louise Michel.

Worauf fokussiert Marx' Blick? Er analysiert eine Form der Arbeit im Kapitalismus: die warenproduzierende Arbeit unter dem Kommando des Kapitals.

Man könnte zu seiner Verteidigung sagen, seine Forschung habe also einen abgegrenzten Gegenstand und gar nicht den Anspruch, andere Formen von Arbeit zu erklären, wie die staatlich organisierte, steuerfinanzierte Arbeit, zivilgesellschaftliche Tätigkeiten oder eben die sogenannte Reproduktionsarbeit im Haushalt, die vor allem von Frauen unentgeltlich geleistet wird. Die Trennung dieser »Sphären«, die weiterhin voneinander abhängig bleiben, ist allerdings historisch mit dem Kapitalismus entstanden und eng mit ihm verwoben.

Auf der anderen Seite können wir durchaus kritisieren, dass sein Begriff von Kapitalismus mangelhaft bleibt, weil er nicht explizit macht, dass etwa die Hausarbeit notwendig für die Existenz kapitalistischer Gesellschaften ist. Den Vorwurf kann man sogar noch zuspitzen: Auch die Sphäre des Staates, die zu einer Gesellschaft mit kapitalistischer Produktionsweise zwingend gehört, wird im *Kapital* nicht systematisch behandelt; im Gegensatz zur weiblich dominierten Reproduktionsarbeit hatte Marx in seinem Forschungsprogramm und in den Buchplänen für die Analyse des Staates sehr wohl einen Platz vorgesehen.

Marx kommt im vierten Kapitel des ersten Bandes des *Kapital* auf die Reproduktion der Arbeitskraft zu sprechen. Der Wert der Ware Arbeitskraft setze sich aus jenen Kosten zusammen, die zur Reproduktion der Arbeiter_innen notwendig seien, und werde ihnen in Form des Lohnes vom Kapitalisten gezahlt. Marx erwähnt verschiedene Kostenfaktoren bei der Bestimmung der Lohnhöhe: Lebensmittel, Kleidung, Wohnung, Bildungskosten. Aber: Nur weil man mit dem Arbeitslohn Mehl, Eier, Butter, Zucker und Obst kaufen kann, ist noch lange kein Kuchen gebacken. Das passiert im Haushalt, meist durch unbezahlte Frauenarbeit. Ähnlich sieht es mit den vielen Aufgaben aus, die sonst noch im Haushalt anfallen (Müll entsorgen, Putzen, Wäsche machen, Kinder großziehen etc.). Auf diesen ganzen Teil der Reproduktionssphäre geht Marx nicht ein. Man könnte das auch hier durchaus mit dem oben erwähnten Argument des Marx'schen Forschungsgegenstands erklären: Diese Reproduktionsarbeit nimmt nicht die Form von Lohnarbeit an, weshalb der Haushalt nicht Gegenstand seiner Analyse ist. In den Debatten zur Rolle der Hausarbeit im Kapitalismus haben Feministinnen kritisiert, dass nicht zuletzt durch solche Auslassungen in linker Theorie und Politik die Rolle der Reproduktionssphäre gesellschaftlich unsichtbar gemacht wurde.

Marx kommt aber trotz seines Desinteresses nicht umhin, sich an einigen Stellen zu Geschlechterverhältnissen zu äußern, einfach weil er mit einer historischen Situation konfrontiert ist, in der Frauen über zwei Drittel der Beschäftigten in den englischen Fabriken ausmachen, wie Friedrich Engels in *Die Lage der arbeitenden Klasse in England* (1845) feststellte (vgl. MEW 2: 367f., 465). Marx schreibt zum Beispiel, dass der Zugriff des Kapitals auf die weibliche Arbeitskraft, ob sie zu Hause, in kleinen Werkstätten oder in der Fabrik gegen Lohn arbeitet, die Autorität des Mannes in der Familie und somit die überkommenen Familienverhältnisse durcheinanderbringt (vgl. etwa MEW 23: 513f.). Und er und Engels zitieren an mehreren Stellen den französischen Sozialisten Charles Fourier, dass in einer gegebenen Gesellschaft »der Grad der weiblichen Emanzipation [...] das natürliche Maß der allgemeinen Emanzipation« ist (u.a. MEW 2: 208; MEW 20: 242). Das hat aber leider weder Marx noch Teile der Arbeiterbewegung davon abgehalten, den gesellschaftlichen Verhältnissen – Lohnarbeit/Kapital und Geschlechterverhältnis – unterschiedliches Gewicht beizumessen, nämlich sie in Haupt- und Nebenwiderspruch zu hierarchisieren. Es hat sie auch nicht gehindert, davon auszugehen, dass sich die Emanzipation der Frau nur im Rahmen der Emanzipation der Arbeiter_innenklasse verwirklichen lasse – und auch hierzu findet sich ein Marx-Zitat, in dem er forderte, »daß die ökonomische Emanzipation der Arbeiterklasse [...] der große Endzweck ist, dem jede politische Bewegung, als Mittel, unterzuordnen ist« (MEW 16: 14). All das ist weder politisch richtig, noch analytisch tragfähig. Schließlich kann nicht gezeigt werden, dass allein die Lohnarbeit den gegenwärtigen Kapitalismus zusammenhält. Die Behauptung ist umgekehrt meist selbst von einer patriarchalen Denkweise geprägt, denn selbst mit »Lohnarbeit« sind dann meist Bereiche männlich konnotierter Arbeit gemeint – die Automobilindustrie und nicht etwa die Pflegeberufe.

Für eine Analyse der Geschlechterverhältnisse bedarf es eigener Begrifflichkeiten und Theorien, und es braucht ein spezifisches Gegenstandverständnis. Uneinigkeit besteht darin, was Marx quasi als »Hilfswissenschaft« dazu beitragen kann, etwa die Formspezifik der Geschlechterverhältnisse im Kapitalismus in den Blick zu nehmen. Marx geht schließlich der Frage nach, welche spezifische Form zum Beispiel Ausbeutung im Kapitalismus annimmt. Wie die Ausbeutung selbst, so sind auch die hierarchischen Geschlechterverhältnisse älter als der Kapitalismus. In Anlehnung an Marx' Problemaufriss müsste also gefragt werden: Welche spezifische Form nehmen die Geschlechterverhältnisse unter kapitalistischen Bedingungen an? Was ist das spezifisch Kapitalistische an der Ausprägung der Geschlechterverhältnisse? Warum etwa nimmt die Reproduktionsarbeit die Form der weiblich dominierten Arbeit im Haushalt an? Umgekehrt muss aber Marx' Analyse feministisch gegen den Strich gelesen werden, was viele Autorinnen durchaus gemacht haben: Sie haben beispielsweise auf die Notwendigkeit der Reproduktionsarbeit, die vorherrschend und unbezahlt von Frauen geleistet wird, hingewiesen, genauso wie auf die Minderbewertung von weiblich konnotierter Arbeit und weiblicher Arbeitskraft, die in Lohnunterschieden sichtbar wird. Damit haben sie die Marx'sche Theorie weiterentwickelt und ergänzt.

## Marx hat den Untergang des Kapitalismus vorhergesagt

*»Marx erklärt, warum der Kapitalismus langfristig untergehen wird.«*

(FAZ, 23.11.2013)

### Das wird gesagt:

Marx hat das Ende des Kapitalismus vorausgesagt. Aus seiner Analyse folgt, dass der Kapitalismus an seinen inneren Widersprüchen zugrunde geht.

### Was ist dran?

Marx hat in einigen seiner Schriften wie dem *Kommunistischen Manifest*, den *Grundrissen zur Kritik der politischen Ökonomie* und auch an einigen Stellen im *Kapital* vom Untergang des Kapitalismus gesprochen. Er legt dort in gewisser Weise eine Zwangsläufigkeit nahe. So schreibt er am Ende des ersten Bandes des *Kapital*, das Ungleichgewicht zwischen Kapitalisten auf der einen und Arbeiter_innen auf der anderen Seite habe zur Folge, dass sich Letztere organisieren und die Kapitalisten enteignen: »Was jetzt zu expropriieren [enteignen; d. Verf.], ist nicht länger der selbstwirtschaftende Arbeiter, sondern der viele Arbeiter exploitierende [ausbeutende; d. Verf.] Kapitalist. Diese Expropriation vollzieht sich durch das Spiel der immanenten Gesetze der kapitalistischen Produktion selbst« (MEW 23: 790). Das Ende des Kapitalismus wird hier zwar von den Arbeiter_innen herbeigeführt, sie sind allerdings die Agenten einer geschichtlichen Notwendigkeit (→ *Für Marx ist der Kommunismus das Ziel der Geschichte*).

Eine weitere Stelle im dritten Band des *Kapital* (MEW 25: 221–277) behandelt das schon von anderen Ökonomen vertretene »Gesetz des tendenziellen Falls der Profitrate«. Es handelt sich dabei um einen viel diskutierten Ansatz, kapitalistische Krisen zu erklären, der darauf hinausläuft, dass der Kapitalismus aufgrund seiner innere Dynamik ein Ende findet. Kurz zusammengefasst argumentiert Marx so: Mit der Entwicklung der Produktivität (Maschinisierung, technologische Entwicklung usw.) sinkt der Einsatz von Arbeiter_innen im Verhältnis zu den Kosten für Maschinen etc. kontinuierlich. Da jedoch nur die Arbeitskraft (Mehr)Wert schafft (→ *Heute gibt es keine Ausbeutung mehr*), führt dieser Umstand dazu, dass die Profite tendenziell sinken.

Der Stellenwert dieses Theorems innerhalb von Marx' Kritik der politischen Ökonomie ist so umstritten wie die Frage, ob sich ein derartiger Fall wirklich beweisen lässt. Marx relativiert das Gesetz des tendenziellen Falls der Profitrate selbst stark, indem er »entgegenwirkende Ursachen« analysiert, also Phänomene, die den Fall der Profitrate aufhalten oder die Tendenz gar in ihr Gegenteil verkehren können. Angemerkt sei auch, dass Marx' Analyse zu diesem Themenkomplex alles andere als abgeschlossen war. Seine grundsätzlichen theoretischen Bedenken zeigen sich etwa in einer handschriftlichen Randbemerkung im ersten Band des *Kapital*, angebracht nachdem er die Manuskripte zum dritten Band geschrieben hatte. Hier formuliert er das genaue Gegenteil dessen, was er im dritten Band zum tendenziellen Fall der Profitrate an Argumenten entwickelt hatte (MEW 23: 657 Fn 77c).

Ist also mit Marx' Analyse von Krisen gar nichts anzufangen? Nimmt man anstelle seiner Passagen über den notwendigen Untergang des Kapitalismus andere Ausführungen zur Hand, dann hilft Marx durchaus beim Verständnis von Krisen. Er betont, dass Krisenphasen einen zerstörerisch-erneuernden Charakter haben und zum Kapitalismus dazugehören. So diskutiert er beispielsweise den Widerspruch, dass die kapitalistische Produktionsweise einerseits die Produktivität und die Produktion von Reichtum so weit entwickeln könne wie keine andere Produktionsweise zuvor, andererseits jedoch die Nachfrage beschränkt bleibe. Letzteres hängt für ihn mit zwei Umständen zusammen: Die Ausweitung der Produktivität dient erstens nicht Lohnerhöhungen, sondern zielt auf Profitsteigerungen und damit in der Regel auf Einsparungen bei den Lohnkosten. Von der Lohnhöhe ist aber der individuelle Konsum abhängig. Die Profitabilität bedingt zweitens auch die Nachfrage der Kapitalisten: Sie investieren in Produktionsmittel, wenn sie sich davon Profite erwarten können. Ist dies nicht der Fall, dann sinkt auch die Nachfrage nach Produktionsmitteln. Somit steht einer tendenziell unbegrenzten Ausdehnung der Produktion eine mehrfach begrenzte Konsumtionskraft der Gesellschaft gegenüber, so als ob während der Fahrt mit dem Auto Gas- und Bremspedal gleichzeitig betätigt würden. Dieser grundlegende Widerspruch des Kapitalismus führt zu Krisen, bedeutet jedoch nicht zwingend sein Ende. Vielmehr ist eine Krise immer eine gewaltsame – für das Kapital aber produktive – Lösung eines Widerspruchs, der in die Produktionsweise strukturell eingeschrieben ist. Und nach der Krise ist vor der Krise.

Auch wenn sich die Vorstellung eines zwangsläufigen Zusammenbruchs des Kapitalismus historisch und eben auch theoretisch als falsch erwiesen hat, lässt sich festhalten, dass Marx den Kapitalismus als historische Phase analysiert. So wie die auf Sklaverei basierende Produktion der Antike endete, und seit dem 16. Jahrhundert der Feudalismus vom Kapitalismus allmählich abgelöst wurde, wird auch der Kapitalismus sein Ende finden. Die verschiedenen ökonomischen Systeme sind historisch entstanden und somit keine ewigen Naturnotwendigkeiten. Für Marx entstehen im Kapitalismus jedoch historisch erstmals die Bedingungen dafür, dass die Menschen die Geschichte selbst in die Hand nehmen können, statt von den gesellschaftlichen Verhältnissen beherrscht zu werden, weshalb er in *Zur Kritik der politischen Ökonomie* auch schreibt: »Mit dieser Gesellschaftsformation schließt daher die Vorgeschichte der menschlichen Gesellschaft ab.« (MEW 13: S. 9).

## Marx' Theorie musste zum Stalinismus führen

*»Wenn je eine Theorie durch die Praxis widerlegt worden ist, dann diese. Vom Preis, den die Menschheit dafür bezahlt hat, ganz zu schweigen. Hier haben die Ungeheuer Lenin, Stalin und Mao ihre geistige Wurzel. Wer den Marxismus für eine gute Idee hält, der nur schlecht ausgeführt wurde, kennt seinen Marx nicht. Diese typisch deutsche Idee von der Freiheit als Ergebnis der Diktatur ist verrückt.«*

(Alan Posener, *Die Welt*, 9.3.2008)

### Das wird gesagt:

Die Politik der Staaten, die sich auf Marx bezogen oder noch heute beziehen, ist eng mit der Marx'schen Theorie verbunden. Marx ist geistiger Stichwortgeber, bietet die theoretische Grundlage ihrer Politik und ist somit mitverantwortlich für die Verbrechen in der Sowjetunion, in China und anderswo.

### Was ist dran?

Viele Despoten, Diktatoren und autoritäre Staatschefs haben sich positiv auf Marx bezogen und sogar behauptet, sie würden das umsetzen, was Marx in seinen Werken geschrieben hat. Findet sich aber tatsächlich in den Werken von Marx die Grundlage diktatorischer Systeme? Und wie hat sich Marx selbst in politischen Auseinandersetzungen verhalten? Ist also bei Marx etwas angelegt, das zu einem System wie dem Stalinismus führt?

Zunächst lässt sich ganz grundsätzlich die Frage stellen, inwiefern theoretische Texte eine Verantwortung für eine bestimmte politische Praxis haben. Der genannte Vorwurf unterstellt eine Identität von theoretischem Text und Politik, die sehr zu bezweifeln ist, was jedoch nicht von der Notwendigkeit entbindet, über den Stalinismus und dessen geistige Grundlagen nachzudenken.

Mit Stalinismus wird zunächst eine historische Phase der Sowjetunion bezeichnet, die sich durch Personenkult, Parteidiktatur, Verfolgung und Ermordung der (linken) Opposition, Schauprozesse, Gulag und vieles mehr auszeichnet. Der Begriff wird aber auch allgemeiner verwendet, um eine autoritär-despotische Form der Politik zu bezeichnen, eine besondere Ausprägung des Marxismus-Leninismus.

Der Marxismus-Leninismus ist eine unter anderem von Stalin selbst forcierte politische Strömung, mit der eine bestimmte Lesart der Marx'schen Texte propagiert wurde. Diese ging zum Teil sehr weit über die Texte hinaus und formulierte eigenständige

Ansätze, die darauf zu prüfen wären, welchen Bezug sie zu Marx' Theorieansätzen noch haben. Was aber können wir bei Marx finden, das die Grundlage für Politiken bieten könnte, die heute allgemein unter Stalinismus gefasst werden?

Die Marx'schen Texte enthalten nichts, was mit Stalinismus zu tun hat. Und umgekehrt wurde mit dem Stalinismus auch nichts realisiert, was von Marx entwickelt wurde. Marx selbst verwehrte sich sogar dagegen, überhaupt ein »sozialistisches System« zu entwerfen (MEW 19: 357). Er warnte zudem vor Harmonieversprechen, quasi einem Himmel auf Erden, den es autoritär durchzusetzen gelte. In den *Thesen über Feuerbach* (Frühjahr 1845; vgl. MEW 3: 5–7) kritisierte Marx den autoritären Charakter der bürgerlichen Aufklärung, mit dem auch die damaligen Linken nicht brachen, indem sie sich als »Erzieher« über die Verhältnisse stellten.

In seinen Schriften wollte Marx keine Utopie liefern, die man nur noch umsetzen muss. Sein Hauptwerk *Das Kapital* ist im Wesentlichen eine kritische Analyse des Kapitalismus. Marx beschäftigte sich also mit dem vorhandenen System und nicht mit einer möglichen Alternative. Auf Grundlage seiner Analyse des Kapitalismus können sich Überlegungen anschließen, wie eine emanzipatorische Gesellschaft *nicht* aussehen sollte – als Negativbestimmung also. Damit ist jedoch noch keine positive Festlegung getroffen, wie eine wünschenswerte Welt gestaltet sein könnte und schon gar nicht darüber, wie sie zu erreichen wäre. Nichtsdestotrotz gab und gibt es immer auch konkrete Vorstellungen von einer anderen Gesellschaft und von dem Weg, der dorthin zu nehmen sei. Despoten und Diktatoren im Namen von Sozialismus und Kommunismus haben sich entweder auf solche Zukunftsentwürfe bezogen oder kreierten gar ihre eigene Weltanschauung.

Dass die etwa unter Stalin vertretene Auffassung von Sozialismus und dem revolutionären Prozess bei Marx wenig bis gar kein Fundament haben, hat Stalin nicht groß gestört. Er hat die ihm genehmen Interpretationen gefördert und das Marx'sche Werk als geschlossene Weltanschauung präsentiert. Dabei sind viele der Marx'schen Texte unabgeschlossene Manuskripte, die über mehrere Jahrzehnte hinweg entstanden sind. Darin zeigt sich, dass Marx seine Theorie immer weiter und neu entwickelt hat – ein Grund, warum er viele seiner Arbeiten auch selbst nie publiziert hat. Bis heute sind seine Texte nicht vollständig veröffentlicht, vielmehr ist die neue historisch-kritische Edition seiner und Engels' Werke (MEGA, Marx-Engels-Gesamtausgabe) noch in Arbeit. Unter Stalin wurde eine solche kritische Gesamtausgabe gestoppt. Die wichtigsten Mitarbeiter_innen an diesem Projekt und kritischen Marxforscher_innen wurden ermordet. Um die stalinistische Weltsicht durchzusetzen, musste jede kritische Diskussion (nicht nur) der Marx'schen Texte verhindert werden.

Nun zu den inhaltlichen Punkten bei Marx, die als Basis für »Stalinismus« interpretiert werden. Hier wird gern seine »Diktatur des Proletariats« angeführt. Selbstverständlich wusste auch Marx, dass emanzipatorische Politik die Machtfrage stellen muss, dass einfache Überzeugung durch das bessere Argument keineswegs ausreicht. In den *Klassenkämpfen in Frankreich* (1850) heißt es etwa, der revolutionäre Sozialismus sei »die Klassendiktatur des Proletariats als notwendiger Durchgangspunkt zur Abschaffung der Klassenunterschiede überhaupt« (MEW 7: 89). Mitte des 19. Jahrhunderts bedeutete das Wort Diktatur allerdings noch etwas anderes, als wir heute darunter verstehen, also ein autoritäres Regime ohne parlamentarische Demokratie. Damals stand »Diktatur« vielmehr für einen temporären Ausnahmezustand. Dieser Bedeutungsunterschied hat Stalin und andere nicht davon abgehalten, ihre Politik mit der »Diktatur des Proletariats« zu rechtfertigen.

Wie mit »Diktatur« so verhält es sich auch mit der »Partei«. So hat Lenins Vorstellung von einer schlagkräftigen Organisation von Berufsrevolutionären, die notwendig sei, um die Revolution zu machen, nichts mit dem zu tun, was zu Marx' Zeiten unter »Partei« verstanden wurde. Damals wurde dies eher als allgemeiner Begriff für politische Organisierung verwendet, so auch im *Manifest der Kommunistischen Partei* (1848). Und wenn Marx in der Satzung der Internationalen Arbeiterassoziation (IAA) schreibt, die »Konstituierung der Arbeiterklasse als politische Partei [ist] unerlässlich für den Triumph der sozialen Revolution und ihres Endzieles – der Abschaffung der Klassen« (MEW 17: 422), dann ist das kein Plädoyer für eine Parteienherrschaft, sondern lediglich ein Hinweis darauf, dass sich die Arbeiterklasse als eigenständige politische Kraft organisieren müsse.

Marx' Position zum Staat und der Rolle des Staates hat sich im Laufe seines Lebens verändert. Im *Manifest* (1848) vertritt er noch ein instrumentelles Staatsverständnis, also die Vorstellung, nach der die Macht im Staat einfach ergriffen werden und für die eigenen emanzipatorischen Zwecke genutzt werden könne. Die Möglichkeit, dass der bürokratische Staat dann auch *gegen* emanzipatorische Ziele eingesetzt werden kann, sieht er hier noch nicht. Später (1871) kritisiert er diese Position: »Die Arbeiterklasse kann nicht die fertige Staatsmaschine einfach in Besitz nehmen und diese für ihre eignen Zwecke in Bewegung setzen.« (MEW 17: 336) In der *Kritik des Gothaer Programms* (1875) der SAPD setzt er fort: »Ganz verwerflich ist eine ›Volkserziehung durch den Staat‹« (MEW 19: 30). Vielmehr müsse »die Emanzipation der Arbeiterklasse durch die Arbeiterklasse selbst erobert werden«, so Marx bereits 1864 in den Provisorischen Statuten der IAA (MEW 16: 14). Aus heutiger Perspektive formuliert er hier also eher eine Stalinismus-Kritik. Während der Teil der internationalen Arbeiterbewegung, der in einer herrschaftskritischen Tradition stand, sich auf Marx' veränderte Position zum Staat bezog, wurde er von anderen dafür benutzt, die eigene (Parteien-)Herrschaft zu legitimieren.

Man kann sagen, dass sich Marx wenig Gedanken über Organisationsformen gemacht hat. In ihrer eigenen politischen Praxis, zum Beispiel in der IAA, gingen er und Engels intrigant mit den politischen Gegnern um (→ *Marx hasste die Anarchisten*).

Daraus kann man jedoch nicht schließen, dass die Marx'sche Theorie und Praxis die Wurzel Lenins, Stalins und Maos sei.

## Mit Natur und Umweltschutz hatte Marx nichts zu tun

*»Karl Marx war gewiss kein naheliegender Säulenheiliger des Ökologischen, und so bedurfte es einiger Mühe, in seinem gewaltigen Œuvre einschlägige Zitate zu finden.«*

(Frank Uekötter in: Am Ende der Gewissheiten. Die ökologische Frage im 21. Jahrhundert. 2011: 106)

### Das wird gesagt:

Eine der heute wohl drängendsten Fragen betrifft den Umweltschutz. Karl Marx interessierte sich nur für das Verhältnis von Arbeit und Kapital. Obwohl er die Industrialisierung in England vor Augen hatte, war die damit verbundene Zerstörung von Natur für ihn kein Thema.

### Was ist dran?

Zu Karl Marx' Zeiten gab es bereits eine Art Ökologiebewegung, die Marx aber nicht sonderlich interessierte. Über bestimmte Auswüchse der Natur-Schwärmerei machten sich Marx und Engels sogar lustig. Die Forderung »Zurück zur Natur« sei nichts als »christlich-germanisch-patriarchalische Naturfaselei« (MEW 7: 202), habe mit Naturverbundenheit wenig zu tun und erschöpfe sich in sonntäglichen Spaziergängen. Damit kritisierten sie eine romantische Überhöhung der Natur, die gesellschaftliche Verhältnisse ausklammerte und daher reaktionär blieb.

Marx erkannte zwar den destruktiven Charakter der großen Industrie auf den Menschen und thematisierte ihn im *Kapital*. Die Ausbeutung von Bodenschätzen, die Verunreinigung von Flüssen, Boden und Luft, die Klimaerwärmung aufgrund der exzessiven Nutzung fossiler Brennstoffe, die Rodung der großen Wälder vieler Länder der Welt, die Zerstörung von Artenvielfalt bei Tieren und Pflanzen und vieles mehr waren jedoch nicht explizit sein Forschungsgegenstand.

Obwohl Marx die desaströsen Entwicklungen, mit denen wir gegenwärtig konfrontiert sind, kaum ahnen konnte, war ihm dennoch bewusst, wie abhängig die Menschen von der Natur sind. Das machte er mehrfach deutlich: Das 1875 in Gotha von der damals wichtigsten Arbeiterpartei (SAPD) beschlossene Programm betonte, dass die Arbeit die Quelle allen Reichtums und aller Kultur sei. Marx monierte in seiner *Kritik des Gothaer Programms* allerdings: »Die Arbeit ist *nicht die Quelle* alles Reichtums. Die *Natur* ist ebensosehr die Quelle der Gebrauchswerte.«

(MEW 19: 15) Menschliche Gesellschaften erhalten sich, indem sie einen durch Arbeit vermittelten Stoffwechsel mit der Natur eingehen – die Arbeitskraft der Menschen und die den Menschen umgebende Natur sind also die natürlichen Bedingungen, die auch für die Kapitalverwertung verfügbar sein müssen. Kapitalistische Wirtschaften unterliegen jedoch dem endlosen Prozess der Profitmaximierung: Geld (G) wird zur Herstellung von Produkten (W) verwendet und diese werden schließlich zu mehr Geld gemacht (G‘) – G-W-G‘. Dieser endlose Prozess bringt die endliche Natur in Marx' Augen an ihre Grenzen. Aufgrund ihrer Maßlosigkeit und ihrer Orientierung am Profit zerstört die kapitalistische Produktion immer mehr die Quellen des Reichtums der Welt: »Die kapitalistische Produktion entwickelt daher nur die Technik und Kombination des gesellschaftlichen Produktionsprozesses, indem sie zugleich die Springquellen alles Reichtums untergräbt: die Erde und den Arbeiter.« (MEW 23: 529f.) Im *Kapital* thematisiert Marx ebenfalls, wie die Menschen durch ihre Arbeit entkräftet wurden, von Generation zu Generation ihre Körpergröße abnahm, und wie später der Staat intervenieren musste, um die voranschreitende Zerstörung ihrer Gesundheit durch das Kapital zu beschränken.

Marx war klar, dass die Produktivkraftsteigerung zu einer gewissen Abhängigkeit der Produktion von ihren Antriebsquellen führt, was damals am Beispiel der Kohle am sichtbarsten nachvollziehbar war. Heutzutage sind diese Antriebsquellen vor allem Öl und Atomkraft, die im Vergleich zur Kohle ein Vielfaches an Energie bereitzustellen vermögen. Die Abhängigkeit von diesen enormen Energielieferanten hat sich seither noch einmal deutlich verstärkt. Es gibt kaum noch Dinge des täglichen Lebens, die nicht mithilfe von Öl oder Atomkraft produziert werden. Es ist fraglich, ob sich Marx ein solches Ausmaß der Abhängigkeit bereits vorgestellt hat bzw. vorstellen konnte.

Marx war zwar kein »Säulenheiliger des Ökologischen«, das Heilige war ihm stets verdächtig, doch die Bedeutung der Natur war ihm durchaus bewusst. Ausdrucksstark heißt es im dritten Band des *Kapital*: »Selbst [...] alle gleichzeitigen Gesellschaften zusammengenommen, sind nicht Eigentümer der Erde. Sie sind nur ihre Besitzer, ihre Nutznießer, und haben sie als boni patres familias [gute Familienväter; d. Verf.] den nachfolgenden Generationen verbessert zu hinterlassen.« (MEW 25: 784)

## Marx hasste die Anarchisten

*»Bakunin ist ein Ungeheuer, a huge mass of flesh and fat, geworden«*

(Marx an Engels, 1863, MEW 30: 372)

### Das wird gesagt:

Marx verabscheute die Anarchist_innen. Während Marx für mehr Staat war und für den Kommunismus eintrat, wollten Anarchist_innen den Staat zerschlagen und eine anarchistische Gesellschaft. Der größte Feind von Marx war nicht ohne Grund Michail Bakunin, der wohl bis heute bekannteste Anarchist.

### Was ist dran?

Dass an dem Mythos einiges dran ist, zeigen Äußerungen von Marx zu Michail Bakunin, Max Stirner, Johann Most oder Pierre-Joseph Proudhon. Am deutlichsten wird Marx' persönliche Abneigung gegenüber Bakunin. Davon zeugen nicht nur Briefpassagen, sondern auch eine nie veröffentlichte Besprechung von Bakunins *Staatlichkeit und Anarchie*. Marx kritisierte darin, Bakunin habe die spezifisch ökonomischen Formen (Warenproduktion, Lohnarbeit) und die Bedingungen für die politische

Herrschaft in kapitalistischen Verhältnissen nicht erkannt. Etwas zugespitzt könnte man zusammenfassen, Bakunin orientiere sich an vormodernen Formen von Herrschaft und Ausbeutung und sehe nicht, dass diese inzwischen eine untergeordnete Rolle spielten (etwa Erbschaft). Ähnlich kritisierte Marx an Proudhon, dieser erkenne nicht, dass die Warenproduktion spezifisch kapitalistisch und aufs Engste mit dem Geld verknüpft sei. Proudhon, so Marx, mache die Warenproduktion zur menschlichen Produktionsweise schlechthin und glaube zudem, sie erhalten zu können, auch wenn gleichzeitig das Geld abgeschafft würde.

Proudhon bezeichnete er zudem in einem Brief an Engels als »falschen Bruder« des Kommunismus – und das, obwohl Marx zu Beginn der Bekanntschaft noch von ihm begeistert war. Er wollte ihn sogar für eine Mitarbeit am Kommunistischen Korrespondenz-Komitee gewinnen. Die in Brüssel gegründete Vereinigung hatte zum Ziel, über Ländergrenzen hinweg revolutionäre proletarische Bewegungen zu vernetzen. Aber schon zwei Jahre später, 1847, änderte sich Marx' Haltung und er antwortete auf Proudhons 1846 erschienene Schrift *System der ökonomischen Widersprüche* (Untertitel: *Philosophie des Elends*) mit einem ganzen Buch, dem er den bissigen Titel *Das Elend der Philosophie* gab.

Nebenbei sei angemerkt, dass Marx nicht nur die, die sich selbst oder die man heute als Anarchist_innen, Libertäre oder Anti-Autoritäre bezeichnen würde, scharf persönlich und theoretisch angegriffen hat, sondern auch solche, die als Sozialist_innen oder Kommunist_innen galten.

Mit ihren politischen Aktivitäten sorgten Marx und Engels sogar dafür, dass Bakunin 1872 aus der Internationalen Arbeiter-Assoziation (IAA) (1864–1877), der sogenannten Ersten Internationalen, ausgeschlossen wurde. Sie betrieben die Schwächung der anarchistischen Strömung der IAA durch intrigante Politik: Schon 1871 waren die Befugnisse des Generalrates der IAA einerseits erweitert worden; andererseits wurde eine Satzungsänderung, die die Konstitution einer »Partei« der Arbeiterklasse als Priorität der IAA vorsah, durch Ausschluss einiger stimmberechtigter Sektionen durchgedrückt. Die Konflikte, die daraus entstanden, konnten Marx und Engels für sich entscheiden.

Später legten Marx und Engels im Auftrag der Konferenz einen Bericht »über das Treiben Bakunins und der Allianz der sozialistischen Demokratie« (MEW 18: 327–471) vor, in dem sie Bakunin bezichtigten, eine Geheimgesellschaft anzuführen – obwohl keine Beweise dafür vorlagen. Die nachträgliche Begründung des Ausschlusses ist eines der schlimmsten Marx'schen Pamphlete, das leider bis heute die linke Geschichtsschreibung prägt. Bakunin nahm die Diffamierungen noch zur Kenntnis, aber auch zum Anlass, sich politisch zurückzuziehen. 1876 starb er. Im selben Jahr wurde die Internationale aufgelöst, nachdem der Hauptsitz nach New York verlegt worden war, um ihn der »Verschwörung um Bakunin« zu entziehen. Durch ihr Tun hatten Marx und Engels das Ende der Internationale mitverursacht.

Inhaltlich speist sich der Mythos auch aus der irreführenden Annahme, dass Marx alles verstaatlichen wollte und somit ein politisches Gegenprogramm zu dem der Anarchist_innen formulierte (→ *Marx wollte alles verstaatlichen – sogar meine Zahnbürste!*, *Marx' Theorie musste zum Stalinismus führen*, *Bei Marx bestimmt die Wirtschaft alles*).

Schließlich ist die heutige »ideengeschichtliche« Unterscheidung von Anarchismus und Kommunismus auch Produkt einer Projektion in Marx' Zeit hinein. Tatsächlich vollzog sich die Trennung nach und nach ab dem letzten Drittel des 19. Jahrhunderts. Nach Marx' Tod trug die SPD maßgeblich dazu bei, einen in sich kohärenten und geschlossenen Marxismus zu konstruieren, auch durch Ausschluss der Anarchist_innen. Weitere historische Erfahrungen wie die russische Revolution und der Umgang der Bolschewiki mit den Anarchist_innen in den Folgejahren sowie die Konflikte zwischen Kommunist_innen und Libertären während des spanischen Bürgerkriegs haben diese Gegnerschaft zementiert.

## Mit dem *Kapital* können wir die Finanzkrise erklären

*»[Marx] beschrieb die Gesellschaft, in der wir heute leben – die jetzige Finanzkrise mit eingeschlossen.«*

(Franziska Augstein: Im Weltwirtschaftsgewitter. Marx ist aktuell. *Süddeutsche Zeitung,* 26.11.2008)

### Das wird gesagt:

Die Analyse von Marx im *Kapital* ist aktuell und auf dieser Grundlage kann man auch einige besondere Ereignisse unserer Zeit erklären wie zum Beispiel die letzte Finanzkrise. Diese Auffassung führte 2008 zu einer richtiggehendenen Marx-Renaissance mit vielen Artikeln in zahlreichen Zeitungen und Zeitschriften, die das *Kapital* und seinen Autor lobten.

### Was ist dran?

Dass man mit dem *Kapital* die letzte Krise viel besser erklären kann als mit den Ansätzen vieler anderen Ökonom_innen stimmt sicherlich. Zweifel an den gängigen ökonomischen Modellen äußerte schon Queen Elisabeth II: »Wie konnte es passieren, dass niemand diese Krise vorhergesehen hat?«, fragte sie 2008 die Ökonomen der London School of Economics (LSE), die darauf kleinlaut antworteten: »Um die Sache zusammenzufassen, Ihre Majestät; hier hat die kollektive Vorstellungskraft vieler kluger Menschen versagt.«

Wenn es um die Vorstellungskraft in Bezug auf eine Krise geht, hat Marx im Vergleich zu den Mainstream-Ökonom_innen tatsächlich einen entscheidenden Vorteil: Der Kapitalismus ist für ihn kein gleichgewichtiges System. Die herrschende Lehre dagegen sieht die Ökonomie als grundsätzlich stabiles System, in dem Krisen nur zufällig entstehen, weil das Gleichgewicht von außen – meist vom Staat – gestört werde. Neoklassische Ökonomen erklären zum Beispiel die US-Immobilienblase oft damit, dass die Zentralbanken in der Vor-Krisen-Periode die Zinsen zu weit gesenkt hätten. Das billige Geld habe daher zu »Überinvestitionen« in zu riskante Unternehmungen verführt. In den Medien wurden diese »Überinvestitionen« zur »Gier der Manager«, die sich nun bitter räche. Eine andere Mainstream-Erklärung der Krise ist, dass der Staat die Finanzmärkte zu wenig reguliert habe – also trifft auch hier ihn die Schuld.

Laut Marx dagegen kann man Krisen weder durch eine geschickte Zinspolitik verhindern, noch sie über Finanz-Gesetze quasi verbieten. Für ihn sind Krisen im Kapitalismus kein Zufall, sondern eher die Regel – eine notwendige Phase, die nicht vermieden werden kann. Schon im zeitlichen Auseinanderfallen von Produktion und Verkauf der Waren steckt laut Marx die *Möglichkeit* der Krise: Der Unternehmer investiert und produziert etwas, könnte aber auf der produzierten Ware schließlich auch sitzen bleiben – sei es, weil sie sich keiner leisten kann, oder weil Konkurrenten billigere oder bessere Waren anbieten. Unterbleibt der Verkauf, droht die Pleite. Und da die Produktion nicht nach Absprachen, also aufgrund eines angemeldeten Bedarfserfolgt, lässt sich für niemanden voraussehen, was später auf dem Markt passieren wird.

Darüber hinaus wird die Produktion der Unternehmen meist auf Kredit finanziert, deswegen kann eine Pleite eine Kettenreaktion in Gang setzen, die auch Banken bedroht. Zudem wird an den Börsen auf *erwartete* Gewinne spekuliert – treten diese Erwartungen nicht ein, stehen massive Entwertungen an. Ob und wann dies geschieht und in welchem Ausmaß, das alles ist im Kapitalismus allerdings nur sehr schwer voraussehbar.

Auch der Ausbruch der Finanzkrise 2007 hätte Marx' Vorstellungskraft also nicht überfordert. Er war mit dem Problem vertraut, dass Kapital im produktiven Sektor nicht mehr gewinnbringend angelegt werden kann (Überakkumulation) und stattdessen auf dem Finanzmarkt investiert wird: Seine Überlegungen zu fiktivem Kapital, also Wertpapieren wie Aktien oder Verbriefungen, die demnach nichts anderes darstellen als Erwartungen und Forderungen auf zukünftige Gewinne, treffen im Kern auch die Phänomene der geplatzten Immobilienblase im Jahr 2007.

Krisen sind für Marx aber nicht nur normal und unvermeidlich. Zwar haben sie verheerende Folgen für Mensch und Natur, für das Kapital aber wirken sie wie eine Verjüngungskur. Denn durch sie wird »unproduktives« und »überschüssiges« Kapital vom Markt gefegt, indem es entwertet, ja vernichtet wird. Es folgt eine Phase der Expansion, in der Profite wieder für diejenigen möglich sind, die das Gewitter überstanden haben. Laut Marx sind Krisen im Kapitalismus also »reinigend« und daher notwendig und haben wenig mit der Gier der Manager oder dem Verhalten einiger Individuen zu tun. Umgekehrt: Dieses Verhalten ist erst aus der Logik des Kapitals selbst verstehbar.

Allerdings sollte man vorsichtig sein und die Leistung von Marx nicht überbewerten. Trotz seiner allgemeinen Anmerkungen zu Krisen kann man nicht ohne Weiteres sagen, dass Marx die aktuelle Finanzkrise im Detail erklären kann. Im *Kapital* beschäftigt er sich nämlich mit den *allgemeinen* Merkmalen, die den Kapitalismus und seine Krisen ausmachen. Das macht seine Analyse zwar immer noch aktuell (→ *Marx'* Kapital *ist nicht mehr aktuell*), reicht aber nicht aus, um die konkrete Dynamik der jüngsten Finanzkrise zu beschreiben und zu begreifen. Ihre Ursache, der Verlauf der Immobilienkrise in den USA, ihr Überschwappen auf die internationalen Finanzmärkte und die Staatsschuldenkrise können erst verstanden werden, wenn man sich mit den konkreten Gegebenheiten auseinandersetzt. Mit der Lektüre des *Kapital* allein ist es nicht getan. Allgemein gesagt: Ohne Marx lässt sich die Finanzkrise nicht verstehen, gleichzeitig kann mit Marx aber nicht jede Krise vollständig erklärt werden. Dazu bedarf es eigener theoretischer Anstrengungen. Es gibt viel zu tun!

## Marx war Antisemit

*»Antisemitismus und Rassismus waren, gerade bei Marx, der aus jüdischem Elternhaus stammte, sehr ausgeprägt.«*

(Jörg Sundermeier, taz.de, 15.7.2009)

### Das wird gesagt:

In zahlreichen Marx'schen Texten finden sich antisemitische Stereotype und Äußerungen, in privaten Briefen wie auch in seinen Schriften, zum Beispiel in *Zur Judenfrage* oder im *Kapital*.

### Was ist dran?

Marx äußerte sich oft und in einer Form negativ über und gegenüber Jüd_innen, die man heute als antisemitisch bezeichnet. Marx beleidigte andere auch gegenüber Dritten in judenfeindlicher und rassistischer Weise, etwa Ferdinand Lassalle, einen der Mitbegründer der deutschen Sozialdemokratie. Marx bezeichnet ihn in Briefen als »Jüdel Braun«, »Baron Itzig« oder »Ephraim Gescheit« (MEW 29: 333, 336; MEW 30: 278). Er lässt sich neben diesen »spontanen« Schmähungen mitunter auch dazu hinreißen, Antisemitismen auszuformulieren, etwa wenn er über die »jüdische Physiognomie« und die

»scharf hervorspringende dünne Nase« (MEW 30: 591) von Ludmilla Assing fabuliert, seiner Sitznachbarin bei einem Diner, zu dem Lassalle lud, oder darüber, was der »Haarwuchs« und die »Kopfbildung« über die »Verbindung von Judentum und Germanentum mit der negerhaften Grundsubstanz« bei Lassalle verrate (MEW 30: 259) – hier reproduziert er nicht einfach nur flapsig Alltagsrassismus und -antisemitismus.

Marx bediente des Weiteren Klischees gegenüber Jüd_innen, sowohl in seiner früheren Schaffensphase als auch in seinem späteren Hauptwerk *Das Kapital*. In *Zur Judenfrage* von 1844 ist etwa zu lesen: »Welches war an und für sich die Grundlage der jüdischen Religion? Das praktische Bedürfnis, der Egoismus.« (MEW 1: 374) Im *Kapital* – also fast 25 Jahre später – identifiziert er Juden mit Geld (MEW 23: 169), nennt als vorherrschende »Warensprache« Hebräisch (MEW 23: 67), oder es findet sich im Zusammenhang der Frage nach dem Handel in Gesellschaften, in denen die Warenproduktion, also die Produktion für den Tausch, noch nicht vorherrschte, folgende Formulierung: »Eigentliche Handelsvölker existieren nur […] wie Juden in den Poren der polnischen Gesellschaft.« (MEW 23: 93)

Marx unterschreibt aber auch aus Solidarität eine Petition der jüdischen Gemeinde (MEW 27: 418) und ist unmissverständlich für die Emanzipation von Jüd_innen, macht diese sogar zum Maßstab der Fortschrittlichkeit moderner Staaten überhaupt (MEW 2: 117). Dass im Jahr 1853 Juden noch immer vom britischen Unterhaus ausgeschlossen sind, verurteilte er als »absurde Anomalie« (MEW 8: 535). Bezeichnend für diese konkreten Beispiele ist jedoch auch, dass Marx, wenn er sich für die Gleichberechtigung von Juden einsetzte, selten darauf verzichten konnte, entweder seine Abneigung gegenüber dem Judentum zu unterstreichen (MEW 27: 418) oder Juden mit Geld zu identifizieren (MEW 8: 535) – man kann es natürlich auch umgekehrt sehen: Er stellt seine Aversionen zurück und setzt sich trotzdem für die Emanzipation ein.

Marx' problematische bis indiskutable Äußerungen sind nicht zu verteidigen. Nichtsdestotrotz ist es notwendig, den damaligen Antijudaismus, der religiös und kulturell gerechtfertigt wurde, zu unterscheiden vom nationalen und modernen Antisemitismus, der sich Mitte bis Ende des 19. Jahrhunderts herausbildete, mitunter als Reaktion auf die Judenemanzipation. Antijudaismus war zu Marx' Zeiten fester Bestandteil der Alltagskultur und -sprache. Diese muss als Kontrastfolie für eine fundierte Bewertung seiner Aussagen herangezogen werden. Aber selbst dann hat Marx unkritisch den alltäglichen Sprachgebrauch übernommen, ja er und Friedrich Engels gefallen sich mitunter darin, aus der antisemitischen Alltagskultur zu schöpfen. Das mangelnde Problembewusstsein zeigt sich auch im Vergleich zu befreundeten (jüdischen) Zeitgenossen, etwa Heinrich Heine oder Moses Hess, der 1862 in *Rom und Jerusalem* zu Protokoll gab: »Ich selbst habe es nicht nur bei Gegnern, sondern bei meinen eigenen Gesinnungsgenossen erfahren, dass sie in jedem persönlichen Streite von dieser Hepwaffe [Antisemitismus] Gebrauch machten, die in Deutschland selten ihre Wirkung verfehlt.« Noch in den diversen Auflagen des sogenannten *Anti-Dühring* (1877), zu dem Engels von der deutschen Sozialdemokratie gedrängt wurde und zu dem Marx einiges an Zuarbeit leistete, wird Antisemitismus als ein »aus der Bigotterie des Mittelalters überkommne[s] Volksvorurteil« banalisiert (MEW 20: 104), als Gefahr weder erkannt, noch politisch und analytisch erfasst – und das, obwohl Marx mitunter selbst die theoretischen Mittel dazu lieferte. Während der *Anti-Dühring* zu einem »Handbuch jedes klassenbewußten Arbeiters« (Lenin) wurde,

wurde Eugen Dühring zu einem der einflussreichsten Antisemiten des Kaiserreichs. Erst nach Marx' Tod entwickelte Engels (ebenso wie Marx' jüngste Tochter, Eleanor Marx) ein ausgeprägtes Bewusstsein für die Gefahren des Antisemitismus.

Marx' Äußerungen zu Juden und Judentum sollten jedoch auch danach beurteilt werden, wann und warum sie gemacht wurden und welchen Stellenwert sie in der Marx'schen Argumentation einnehmen. So rezensiert er in *Zur Judenfrage* zwei Schriften seines früheren Mitstreiters Bruno Bauer (1809–1882) kritisch. Viele Äußerungen in diesem Text sind Paraphrasen, die zudem für einen zu dieser Zeit verbreiteten Diskurs stehen. Marx will unter anderem die unpolitische Religionskritik, die sich vor allem gegen die Juden richtet, analysieren und kritisieren. Bauer fordert in seinem 1843 veröffentlichten Text *Die Judenfrage* – daher der Marx'sche Titel *Zur Judenfrage* – die Emanzipation der Juden vom Judentum als Religion. Erst wenn die Juden ihre Religion aufgäben, dürften sie eine vollständige Emanzipation im modernen Staat beanspruchen. Marx reagiert darauf in *Zur Judenfrage*. Er setzt Bauers Forderung entgegen, dass nicht die Juden ihren Glauben aufgeben sollten, um sich zu emanzipieren, sondern dass sich der Staat selbst von jeglicher

Religion freimachen müsse. Er wendet damit den Streit über die Judenemanzipation zu einer Kritik des preußischen Staates. In *Zur Judenfrage* sind zudem die oben genannte Sätze zu lesen, Jüd_innen seien egoistisch, und der »Gott des Judentums« wird vermeintlich mit dem Geld identifiziert. Aber auch hier greift Marx zumeist Formulierungen von Bruno Bauer auf. Er zeigt, dass Bauer Merkmale der bürgerlichen Gesellschaft auf das Judentum projiziert und so die kapitalistischen Verhältnisse personalisiert, etwas, was den meist christlichen Bürger ausmacht, nämlich Geld-Bourgeois zu sein, wird auf die Juden übertragen. Es lässt sich allerdings auch hier fragen, ob Marx in seinen Ausführungen es nicht an kritischer Distanz zum antisemitischen Jargon des Kritisierten missen lässt.

Die Personalisierung gesellschaftlicher Verhältnisse, dass also kapitalistische Strukturen und Funktionsweisen auf den bewussten Willen von Personen reduziert werden, thematisiert Marx tiefergehend erst im *Kapital*. Hier zeigt er, dass es die kapitalistischen Verhältnisse sind, die die Menschen zu egoistischen und auf Geld fixiertes Verhalten zwingen – und nicht religiöse oder kulturelle Prägungen. Die Akteure folgen also einer allgemeinen ökonomischen Rationalität, die gerade nicht »nach außen« projiziert werden kann. Marx' Ausführungen über die »Personifizierung der Sachen und Versachlichung der Produktionsverhältnisse« (MEW 25: 838) haben später etwa Theodor W. Adorno und Max Horkheimer in ihrem Kapitel über die Elemente des Antisemitismus in der *Dialektik der Aufklärung* (entstanden zwischen 1939 und 1944) und die daran anschließende gesellschaftstheoretische Antisemitismusforschung aufgegriffen (neben anderen Detlev Claussen, Moishe Postone, Lars Rensmann). Sie stellen die Frage, warum diese Personalisierungen ausgerecht Juden trifft und was den (Marx noch unbekannten) modernen Antisemitismus charakterisiert, der sich in der Shoa in seiner mörderischsten Form manifestierte.

## Europa war für Marx das Zentrum der Welt

Marx vertritt ein *»eurozentrisches Modell politischer Emanzipation, welches die Erfahrungen kolonisierter Subjekte in nicht-westlichen Gesellschaften durchgängig ignoriert.«*

(María do Mar Castro Varela / Nikita Dhawan: Postkoloniale Theorie. Eine kritische Einführung. 2015: 167)

### Das wird gesagt:

Marx war Eurozentrist. Marx hat in seinen Analysen nur Europa bzw. die westliche Welt vor Augen und äußert sich abfällig über andere Länder. Er geht davon aus, dass sich alle Gesellschaften nach dem Vorbild Europas entwickeln müssen, und er schenkt den sozialen Bewegungen im Globalen Süden keine Beachtung. Schlimmer noch: Er erkennt dem Kolonialismus sogar eine fortschrittliche Rolle zu.

### Was ist dran?

An dieser Kritik ist tatsächlich etwas dran. Es lassen sich je nach Schaffensperiode bei Marx ganz unterschiedliche Äußerungen und Auffassungen finden. Die Weiterentwicklung seines Denkens sollte nicht unter den Tisch fallen, denn Marx revidierte später viele seiner früheren Auffassungen.

Eine wichtige Schaffensperiode von Marx stellen die frühen 1850er Jahre dar. Die markantesten eurozentrischen Auffassungen entstammen vor allem journalistischen Texten, die sich mit Indien befassen und die Marx für die *New York Daily Tribune* verfasste. Die Artikel handeln vom britischen Kolonialismus in Indien (vgl. MEW 9). Marx geißelt den Kolonialismus zwar als schlimmen und barbarischen Despotismus und macht sich über die Heuchelei der »bürgerlichen Zivilisation« lustig, andererseits geht er aber auch davon aus, dass die Organisation der indischen Gesellschaft selbst nicht fortschrittlich sei. Dementsprechend misst er dem britischen Kolonialismus auch eine wichtige Rolle bei: Dieser werde die alte Ordnung zerstören und die Bedingungen für eine bessere, entwickeltere Gesellschaft schaffen. Anstelle eines isolierten Dorfsystems, das laut Marx die Grundlage für den »orientalischen Despotismus« darstelle, habe der britische Kolonialismus Eisenbahnen, Wissenschaft und Dampfmaschinen nach Indien zu bringen und es schließlich in den Weltmarkt zu integrieren. Er kritisiert in den Artikeln auch die destruktive Seite des Kolonialismus, »das von den Briten über Hindustan [Indien] gebrachte Elend«, das »unendlich qualvoller ist als alles, was Hindustan vorher zu erdulden hatte« (MEW 9: 128). Seine Gesamteinschätzung bleibt aber von einem eurozentrischen Fortschrittsverständnis beseelt: »Welche Verbrechen es auch begangen haben mag« (MEW 9: 133), schaffe England in Indien die materielle Grundlage einer neuen und entwickelteren Welt. Marx hat zu dieser Zeit folglich die Vorstellung, alle Länder müssten den Entwicklungsweg Europas nachahmen.

Ähnlich argumentiert Marx auch noch Ende der 1850er Jahre in einem Kapitel der *Grundrisse der Kritik der politischen Ökonomie* (1857/58), das den Titel »Formen, die der kapitalistischen Produktion vorhergehen« trägt. Dort liest man ebenfalls, dass die asiatische Welt sich durch die Abwesenheit von Privateigentum an Boden und durch die »Einheit von Agrikultur und Handmanufaktur« definiere (MEW 42: 394). Diese Elemente führten laut Marx notwendig zu einer gesellschaftlichen Stagnation und zu despotischen Verhältnissen. Demgegenüber gehe das Privateigentum an Boden in Europa mit Klassenspaltungen und somit potenziell mit Konflikten einher, die sozialen Fortschritt ermöglichten. In den *Grundrissen* kommt noch ein weiterer Punkt dazu. Marx geht davon aus, dass die bürgerliche, kapitalistische Gesellschaft durch die entwickeltste Form der Produktion gekennzeichnet sei und erst in ihr die Begriffe und so die »Einsicht in die Gliederung und die Produktionsverhältnisse aller der untergegangnen Gesellschaftsformen« ermöglicht werden (vgl. MEW 42: 39). Demzufolge wäre es nur der europäischen Wissenschaft mit ihren Kategorien der politischen Ökonomie möglich, die »wahre Natur« der nicht-europäischen Gesellschaften zu begreifen.

Mit der Arbeit an der Kritik der politischen Ökonomie ändert sich aber allmählich die Position von Marx, und seine weiteren sozialwissenschaftlichen Studien bereiten einen weitgehenden Bruch mit dem Eurozentrismus vor. Zwar finden sich auch noch im *Kapital* einige Äußerungen über die indische Dorfgemeinde, in denen er die Abwesenheit von Entwicklung und Privateigentum in den ländlichen Verhältnissen Indiens betont, allerdings verändert sich hier seine Sicht auf die ökonomische Entwicklung in den Kolonien. Der Kolonialismus – so nun die These – ermögliche überhaupt keine industrielle Entwicklung im Sinne der europäischen Wirtschaften, sondern zementiere eine internationale Teilung der Arbeit, die die Kolonien in Zulieferer von Rohmaterial und landwirtschaftlichen Produkten verwandele (vgl. MEW 23: 475). Damit erkennt Marx dem Kolonialismus eine fortschrittliche Rolle ab. Die indischen und irischen Befreiungskämpfe gegen den britischen Kolonialismus verändern gleichzeitig Marx Einschätzung gegenüber der Rolle sozialer Auseinandersetzungen in den Kolonien, denen er einen zunehmend wichtigen Einfluss auf das Schicksal der Weltgeschichte beimisst.

Zusätzlich wandelt sich auch sein Verständnis der nicht-kapitalistischen Produktionsweisen. Das zeigen vor allem die zahlreichen kommentierten Exzerpte, die er zwischen 1879 und 1882 aus verschiedenen Büchern anfertigte. In dieser Zeit erschließt sich Marx neue Quellen für seine Auseinandersetzung mit den nicht-westlichen Gesellschaften und verschafft sich zuvor vielfach fehlendes Wissen. Dabei wird ihm klar, dass er den konkreten Verhältnissen nicht-kapitalistischer Gesellschaften keinesfalls mit den Kategorien der bürgerlichen Gesellschaft gerecht wird, wie er es noch in den 1850ern dachte. Er erkennt beispielsweise, dass Indien mitnichten ein Land ohne eigene Geschichte war, das heißt, dass die Dörfer sich auch schon vor den vielzähligen ausländischen Eroberungen fortschreitend veränderten. Marx sieht England auch nicht mehr als die bessere Gesellschaft an, die den Fortschritt nach Indien brächte. Gleichzeitig ändert er seine frühere Auffassung der modernisierenden Rolle des Privateigentums. Ganz im Gegenteil sieht

Marx jetzt im Gemeineigentum eine viel bessere Grundlage für einen eventuellen Übergang in eine andere, fortschrittlichere Gesellschaft. In seinen Briefentwürfen an die russische Revolutionärin Vera Sassulitsch, wird dies besonders deutlich. Sassulitsch fragte Marx, ob in Russland tatsächlich erst die Durchsetzung des kapitalistischen Privateigentums abzuwarten sei, bevor es Sinn mache, für das kommunistische Gemeineigentum zu agitieren. Marx bekennt sich eindeutig zu der Position, die Russland einen eigenen Entwicklungsweg offen lässt. Er spricht gar von einer einmaligen Chance und einer echten »ökonomische(n) Überlegenheit des Gemeineigentums« (MEW 19: 399), worauf eine künftige sozialistische Produktionsweise gründen könne (→ *Für Marx ist der Kommunismus das Ziel der Geschichte*). Den außereuropäischen Gesellschaften wird damit eine eigene Dynamik und Entwicklung zugestanden, die keineswegs dem europäischen Weg folgen müsse. Die Entwicklung, wie sie Marx im *Kapital* schilderte, gelte nur für Westeuropa und biete keinen »Universalschlüssel einer allgemeinen, geschichtsphilosophischen Theorie« (MEW 19: 112). Damit macht Marx in jeder Hinsicht eine 180-Grad-Wende gegenüber seinem früheren Eurozentrismus.

## Marx verherrlichte den industriellen Fortschritt

*»Es gibt viele Stellen bei Marx, an denen er den industriellen Fortschritt gerade in seiner unaufhaltsamen Qualität, seinem Zermalmungspotenzial zu verherrlichen scheint.«*

(Thomas Schmid, *Die Welt*, 21.8.2016)

### Das wird gesagt:

Marx war fasziniert von der industriellen Revolution. Die enorme Steigerung der Produktivität im Rahmen der Industrialisierung durch Einsatz von Maschinen, Massenproduktion, Wissenschaft und Arbeitsorganisation in großem Maßstab sah er als Voraussetzung, um Mangel und Armut zu beseitigen und die Bedürfnisse der Menschen auf globaler Skala zu befriedigen. Darüber hinaus sah er darin ein gesellschaftsveränderndes Potenzial. Dabei hat er die positiven Seiten vollkommen überhöht und negative Folgen übersehen.

### Was ist dran?

Es stimmt. Marx hatte durchaus einen positiven Bezug zum technischen Fortschritt. Als er mit Engels das *Kommunistische Manifest* (1848) schrieb, betrachtete er diesen Fortschritt als eine Bewegung, die überkommene, versteinerte Verhältnisse erschüttert. Auch in den Bänden des *Kapital* betont Marx die emanzipatorischen Potenziale der zunehmenden Produktivkräfte, die es ermöglichen, mit immer weniger Kraftanstrengung einen größeren stofflichen Reichtum zu schaffen, der immer mehr Bedürfnisse befriedigen kann.

Marx hegte durchaus die Hoffnung, dass mit dem technischen Fortschritt Tendenzen gestärkt würden, die über die Schranken des Kapitalismus hinausweisen. Beispielsweise war er sich sicher, dass sich mit der Angleichung der Arbeitsbedingungen im Zuge der industriellen Revolution die Bedingungen für den direkten Kampf gegen die Herrschaft des Kapitals verallgemeinern, also verbessern würden (vgl. MEW 23: 526): Mit der Organisation der Arbeit in Fabriken seien auch die Voraussetzungen für eine wissenschaftliche Organisation der Produktion gegeben. Dies ermögliche schließlich, dass Arbeiterkoalitionen (heute würde man sagen: die Gewerkschaften) nicht nur für konkrete bessere Arbeitsbedingungen, sondern auch um die Macht in der Fabrik und im Staat und schließlich für eine andere Gesellschaft kämpfen würden (vgl. MEW 23: 512, 791). Im *Kommunistischen Manifest* heißt es: Der »Fortschritt der Industrie […] setzt an die

Stelle der Isolierung der Arbeiter durch die Konkurrenz ihre revolutionäre Vereinigung durch die Assoziation. Mit der Entwicklung der großen Industrie wird also unter den Füßen der Bourgeoisie die Grundlage selbst weggezogen […]. Sie produziert vor allem ihre eigenen Totengräber« (MEW 4: 474). Auch war Marx der Auffassung, dass der Einsatz von Maschinen die Produktion von der Körperkraft der Arbeiter_innen unabhängig mache. Somit seien Geschlechterhierarchien zunehmend irrelevant und »die neue ökonomische Grundlage für eine höhere Form der Familie und des Verhältnisses beider Geschlechter« (MEW 23: 514) erreicht.

Marx war jedoch auch klar, dass sich der Traum, dass der technische Fortschritt Arbeit erleichtere und die Arbeitszeit der Gesellschaft verkürze, innerhalb kapitalistischer Verhältnisse nicht oder nur sehr begrenzt erfüllen würde. Marx zitiert im ersten Band des *Kapital* den Ökonomen John Stuart Mill, der schrieb: »Es ist fraglich, ob alle bisher gemachten mechanischen Erfindungen die Tagesmühe irgendeines menschlichen Wesens erleichtert haben« und kommentierte kritisch: »Solches ist jedoch auch keineswegs der Zweck der kapitalistisch verwandten Maschinerie. […] Sie ist Mittel zur Produktion von Mehrwert.« (MEW 23: 391) Produktivkraftentwicklung – also die Steigerung der Produktivität durch den Einsatz von Maschinen – bedeutet also keineswegs per se eine Verbesserung für die arbeitenden Menschen. Gerade innerhalb kapitalistischer Verhältnisse dient sie nur der Maximierung von Profit und untergräbt in Marx' Augen vielmehr »die Springquellen alles Reichtums: die Erde und den Arbeiter« (MEW 23: 530). Nicht nur an dieser Stelle verweist Marx auch auf den Natur zerstörerischen Charakter der Industrie (→ *Mit Natur und Umweltschutz hatte Marx nichts zu tun*).

Aber damit nicht genug, für Marx war auch klar, dass die technische Entwicklung zudem eine Konkurrenz zwischen Arbeiter_innen und Maschinen hervorbringt. Die Maschinen können durchaus Arbeitsplätze ersetzen und somit die Arbeitslosigkeit erhöhen. Dies geschieht zuweilen gerade dann, wenn die Arbeiter_innen kämpferischer werden. Der Unternehmer nutzt den Einsatz von Maschinerie dann als Druckmittel gegenüber der Belegschaft, um Lohnkosten zu minimieren. An einer Stelle im *Kapital* heißt es: »Man könnte eine ganze Geschichte der Erfindungen seit 1830 schreiben, die bloß als Kriegsmittel des Kapitals wider Arbeiteremeuten ins Leben traten« (MEW 23: 459). Gleichzeitig wird die Arbeit im Rahmen der Industrialisierung immer mehr in Teilfunktionen zerlegt und damit »entfremdet«. Marx schlussfolgert schließlich: »alle Mittel zur Entwicklung der Produktion schlagen um in Beherrschungs- und Exploitationsmittel des Produzenten, verstümmeln den Arbeiter in einen Teilmenschen, entwürdigen ihn zum Anhängsel der Maschine, vernichten mit der Qual seiner Arbeit ihren Inhalt, entfremden ihm die geistigen Potenzen des Arbeitsprozesses [...], unterwerfen ihn [...] der kleinlichst gehässigen Despotie, verwandeln seine Lebenszeit in Arbeitszeit« (MEW 23: 674).

Kurzum: Wenn Marx die spätere historische Entwicklung hätte sehen können, hätte er wahrscheinlich noch weniger Grund für die Hoffnungen gehabt, der technische Fortschritt würde die menschliche Emanzipation vorantreiben. Weder haben die Herrschaftsverhältnisse im heutigen Kapitalismus aufgehört, entlang der Geschlechter strukturiert zu sein, noch hat sich das Proletariat im digitalen Zeitalter fester denn je zusammengeschlossen oder wäre gar revolutionärer als zuvor geworden. Auch hat Marx die ökologischen Schranken der technischen Entwicklung nicht klar gesehen, auch wenn er vor der Zerstörung des Reichtums der Natur warnte. Trotz seiner ambivalenten Einschätzung bleibt Marx bei seiner Position, zumindest das utopische Potenzial der technischen Entwicklung auszuloten und betont: »In einer kommunistischen Gesellschaft hätte [...] die Maschinerie einen ganz anderen Spielraum als in einer bürgerlichen Gesellschaft« (MEW 23: 414 Fn. 116a).

## Für Marx ist Religion Opium für das Volk

*»Religion als das Opium fürs Volk ist eine Aussage von Karl Marx.«*

(Klaus-Jürgen Gadamer, *huffingtonpost.de*, 23.8.2016)

### Das wird gesagt:

Dem viel zitierten Satz zufolge manipuliert und verblendet die Religion. Marx, so wird behauptet, habe sie als Mittel der Eliten betrachtet, um ihre Herrschaft abzusichern, indem sie die Bevölkerung mittels Religion täuschen und ruhigstellen.

### Was ist dran?

Sicher, Marx ist gegenüber der Religion sehr kritisch: »Kritik der Religion ist die Voraussetzung aller Kritik«, schrieb er 1844 (MEW 1: 378). Nur stammt das genannte Zitat, dass die Religion Opium für das Volk ist, gar nicht von ihm. Marx schrieb, dass Religion »Opium *des* Volks« [ebd.; Herv. d. Verf.] und nicht *für das* Volk sei. Was ist der Unterschied? Opium *für* das Volk besagt, dass die Religion ein bewusst eingesetztes Mittel ist, um die Menschen zu täuschen. Vertreter der Aufklärung sprachen tatsächlich vom »Priesterbetrug«. Sie warfen den religiösen Würdenträgern, also Priestern, Bischöfen oder Pfarrern vor, die gesellschaftlichen Herrschaftsverhältnisse durch Mythen und Lügen zu stabilisieren. Dass Religion bewusst politisch benutzt werden kann, weiß Marx selbstverständlich auch – und kritisiert das auch. Allerdings ist seine Analyse etwas komplexer und seine Kritik viel grundlegender.

Dass Religion Opium *des* Volks ist, bedeutet nämlich, dass es sich um ein Phänomen handelt, das nicht bewusst durch die Priester »von außen« eingesetzt wird, sondern von den Menschen selbst produziert wird: »Der *Mensch macht die Religion*, die Religion macht nicht den Menschen.« (MEW 1: 378; Herv. i. Orig.) Wenn es einen Gott gibt, an den die Menschen glauben, haben sie diesen selbst hervorgebracht, aufgrund der gesellschaftlichen Verhältnisse, in denen sie leben. Einer, der das erkannte und die Religion erklären und kritisieren konnte, war der Philosoph Ludwig Feuerbach (1804–1872), den Marx sehr schätzte und der ihm zufolge die wesentliche Kritik formulierte. Die Religion sei der »Seufzer der bedrängten Kreatur« (ebd.), so Marx. Da – vor allem in Deutschland – die politischen Verhältnisse auf Religion basieren, käme Religionskritik einer Kritik der Politik gleich und sei deren Voraussetzung. Marx' Ziel war es, mit der Kritik der Religion die Hoffnung auf ein Jenseits zu zerstören, um »die Wahrheit des Diesseits zu etablieren« (ebd.: 379). Dafür müssten die Menschen auch politisch aktiv werden.

Marx' Religionskritik schließt an die bürgerliche Aufklärung an, die unter anderem der Herrschaft der Kirche die des Parlaments entgegenstellen wollte und Religion zur »Privatsache« erklärte. Im *Kapital* wendet sich Marx anderen Mystifizierungen zu. Marx' Analyse zufolge bringen auch die kapitalistischen Verhältnisse etwas Religiöses hervor, etwas, das Marx in Analogie zu der »Nebelregion der religiösen Welt« (MEW 23: 86) betrachtet. Er nennt es die »Religion des Alltagslebens« (MEW 25: 838) oder: Fetischismus (z.B. MEW 23: 87). Damit ist gemeint, dass die kapitalistischen Verhältnisse (und was sie auszeichnet: Konkurrenz etc.) als natürliche erscheinen: dass zum Beispiel die Eigenschaften von Ware und Geld, Wert zu haben oder als Kapital »zu arbeiten«, ihnen von Natur aus zukämen. Marx hingegen zeigt im *Kapital*, dass dieser Charakter »aus dem eigentümlichen gesellschaftlichen Charakter der Arbeit, welche Waren produziert« (ebd.) entspringt. Auch wenn Fetischismus keine Religion im eigentlichen Sinn ist, ist auch hier ein zentraler Kritikpunkt, dass es die Menschen selbst sind, die das Phänomen hervorbringen, das sie unmündig macht:

In der Religion »scheinen die Produkte des menschlichen Kopfes mit eignem Leben begabte, untereinander und mit den Menschen in Verhältnis stehende selbständige Gestalten. So in der Warenwelt die Produkte der menschlichen Hand.« (MEW 23: 86)

## Marx dachte, die Arbeiter_innen würden immer ärmer

*»Anders als von Karl Marx im 19. Jahrhundert vorhergesagt, verarmten die Arbeiter nicht etwa, sondern konnten an den Segnungen des ökonomischen Fortschritts teilhaben«.*

(Mark Schiernitz »Was bleibt für mich?«, *Die Zeit Spezial. Mein Job, mein Leben*)

### Das wird gesagt:

Marx wollte zeigen, dass für einen großen Teil der Menschheit ein schönes Leben innerhalb des Kapitalismus nicht möglich ist. Gerade den Lohnabhängigen würde es im Kapitalismus zunehmend schlechter gehen. Marx war also ein Verelendungstheoretiker. Die Einkommen breiter Teile der Bevölkerung sind im 20. Jahrhundert allerdings in vielen westlichen Industriestaaten gestiegen – auch die Einkommen der Lohnabhängigen. Marx hat sich also geirrt.

### Was ist dran?

Marx und Engels haben im *Kommunistischen Manifest* tatsächlich die These vertreten, dass es mit dem Fortbestehen des Kapitalismus zu einer absoluten Verelendung kommen werde: »Der moderne

Arbeiter [...] sinkt immer tiefer unter die Bedingungen seiner eigenen Klasse herab. Der Arbeiter wird zum Pauper, und der Pauperismus entwickelt sich noch schneller als Bevölkerung und Reichtum« (MEW 4: 473). Marx' Vorstellung davon, was Verelendung eigentlich bedeutet, verändert sich jedoch in der folgenden Zeit. Es geht nicht nurmehr um niedrige Löhne. Die Minderung der Lebensqualität bezieht Marx im *Kapital* vor allem auf die schlechten Arbeitsbedingungen – die viel zu langen Arbeitszeiten, Kinderarbeit in den Fabriken und die schlechten gesundheitlichen Bedingungen. Die Frage der Verelendung muss also mehr Faktoren mit einbeziehen als nur die Entwicklung der Löhne.

Wie die Arbeitsbedingungen ausgestaltet sein sollen, ist zudem immer umstritten. Die Arbeitskraft, welche alle Lohnabhängigen verkaufen, ist eine besondere Ware. Im Unterschied zu den anderen Waren spielen bei der Nutzung dieser Ware, also den Bedingungen der Ausbeutung der Lohnarbeiter_innen genauso wie beim Preis der Ware Arbeitskraft, also den Löhnen, moralische und politische Komponenten eine wichtige Rolle. Es gibt keine dem Kapitalismus grundsätzlich eingeschriebene Länge des Arbeitstags oder Höhe des Lohns. Es hängt wesentlich von den gesellschaftlichen Auseinandersetzungen – den Klassenkämpfen – ab, wie Arbeitsbedingungen, -zeiten und Lohnhöhen ausfallen. Statt von allgemeingültigen Gesetzten sind diese Verhältnisse von vielfachen Faktoren bestimmt. Die Löhne, das beschreibt auch Marx im *Kapital*, können in bestimmten Phasen durchaus steigen, etwa während einer positiven wirtschaftlichen Konjunktur. Wenn sich dabei zudem die Produktivität allgemein erhöht, ist es sogar möglich, dass steigende Löhne mit steigenden Profiten einhergehen: Gerade in Wachstumsphasen können sie gleichermaßen steigen – auch wenn die Lohnsteigerungen selbst dann durch die Gewerkschaften erstritten werden müssen. Durch die Lohnerhöhungen können die Arbeiter_innen »den Kreis ihrer Genüsse erweitern, ihren Konsumtionsfonds von Kleidern, Möbeln usw. besser ausstatten und kleine Reservefonds von Geld bilden« (MEW 23: 646). Die Ausbeutung der Arbeiter_innen durch die Kapitalisten wird nun unter erträglicheren Bedingungen fortgesetzt. Kapitalismus bedeutet also nicht notwendigerweise absolute Verelendung (→ *Heute gibt es keine Ausbeutung mehr*). Gelingt es den Gewerkschaften die Löhne auf längere Frist zu steigern, so können Kapitalisten allerdings mit erhöhtem Maschineneinsatz reagieren, das heißt Arbeiter_innen durch Maschinen ersetzen und Arbeitsplätze einsparen. Damit reduzieren die Kapitalisten nicht nur die Lohnausgaben, sondern auch die Verhandlungsmacht der Gewerkschaften, was mittelfristig wiederum zu Lohneinbußen führen kann. Lohnhöhen und Arbeitsbedingungen werden also einerseits von verschiedenen ökonomischen Faktoren beeinflusst, andererseits aber auch von moralischen Standards und dem Verlauf sozialer Kämpfe.

Marx unterscheidet zudem die Lage der Arbeitenden von derjenigen der Arbeitslosen, welche die sogenannte industrielle Reservearmee bilden. Mit dieser Reservearmee meint Marx einen aus Sicht des Kapitals zu einer bestimmten Zeit überflüssigen Teil der arbeitsfähigen Bevölkerung. Einige von Marx' Zeitgenossen sahen die Ursache für diese »Überschussbevölkerung« in der ungezügelten Fortpflanzung dieser sozialen Gruppen und damit in der absoluten Bevölkerungszahl. Marx kehrte diese Problemstellung jedoch um. Es gebe überhaupt keine absolute, sondern nur eine »relative Überschussbevölkerung«. Relativ meint, es gebe nicht insgesamt zu viele Menschen, sondern nur mehr Menschen, als die Unternehmen beschäftigen wollen. Die einen haben also einen Job und ackern sich kaputt, während die anderen draußen warten und keine Arbeit bekommen. Arbeitslosigkeit und »Überbevölkerung« hängen demnach nicht vom Bevölkerungswachstum ab, sondern von konjunkturellen Schwankungen der Nachfrage nach Arbeitskräften. Dies hat auch mit dem Maschineneinsatz der Kapitalisten zu tun. Ersetzen zunehmend Maschinen die Arbeiter_innen, so steigt tendenziell die relative Überbevölkerung. Auf einen Teil dieser »Überschussgesellschaft« wird in wirtschaftlichen Boomphasen als Arbeitskräftereservoir zurückgegriffen. In Stagnationsphasen weitet sich die arbeitslose Reserve aus. Das erhöhte Arbeitskräfteangebot trägt durch die große Konkurrenz am Arbeitsmarkt zu einer Verschlechterung der Arbeitsbedingungen bei. Die Existenz von Arbeitslosen hat damit den für das Kapital nützlichen Effekt, dass es immer Menschen gibt, die bereit sind, zu schlechteren Bedingungen zu arbeiten. Der Nachweis, dass die »industrielle Reservearmee« allerdings immer weiter wachsen muss, das heißt, dass das Heer der Arbeitslosen auf Dauer immer weiter zunimmt, gelingt Marx nicht. Allerdings taucht die Debatte bis heute immer wieder auf, wenn etwa diskutiert wird, ob neue Technik, Digitalisierung oder Roboter bald alle menschlichen Arbeitskräfte ersetzen werden.

Auch wenn Marx eine allgemeine Tendenz der kapitalistischen Produktionsweise diagnostiziert, »den durchschnittlichen Lebensstandard nicht zu heben, sondern zu senken« (MEW 16: 151), folgt daraus keine Theorie der absoluten Verelendung. Für Marx ist klar, dass die Arbeiter_innenbewegung langfristig wesentlich davon abhängt, wie stark die Gewerkschaften sind. Denn die Löhne und Arbeitsbedingungen hängen »von dem relativen Gewicht ab, das der Druck des Kapitals von der einen Seite, und der Arbeiter von der anderen Seite in die Waagschale wirft« (MEW 23: 545). In Marx' Ausführungen im *Kapital* lassen sich für die Entwicklung der Löhne und Arbeitsbedingungen damit viele Gründe finden, von der wirtschaftlichen Konjunktur, der Ausbreitung der Arbeitslosigkeit, dem Maschineneinsatz bis hin zum Verlauf der Klassenkämpfe. Insgesamt bleibt folglich die Frage offen, ob die Lebensbedingungen der Arbeitslosen immer derart miserabel sein müssen, wie sie es zu Marx' Zeiten waren. Historisch hat sich gezeigt, dass der Kapitalismus durchaus an bestimmten Orten und zu gewissen Zeiten mit einer allgemeinen Steigerung der Löhne und Verbesserung der Arbeitsbedingungen leben kann. Für Marx reichen diese kleinen Verbesserungen als politisches Ziel aber längst nicht aus. Langfristig gehe es auch weniger um Erhöhung der Löhne als vielmehr um eine Verkürzung der Arbeitszeit. Statt des Lohnsystems und der Konkurrenz um gute Jobs müsste zudem eine vernünftige gesellschaftliche Kooperation angestrebt werden, ein »Verein freier Menschen«, in dem die gesellschaftliche Arbeit entsprechend der Fähigkeiten und Bedürfnisse seiner Mitglieder verteilt und die Arbeitszeit verkürzt werde.

## Bei Marx bestimmt die Wirtschaft alles

*»Es ist nicht das Bewußtsein der Menschen, das ihr Sein, sondern umgekehrt ihr gesellschaftliches Sein, das ihr Bewußtsein bestimmt.«*

(Marx, *Zur Kritik der politischen Ökonomie*, 1859)

### Das wird gesagt:

Marx geht davon aus, dass die Wirtschaft alle anderen gesellschaftlichen Bereiche bestimmt. Dem berühmten Zitat vom »Sein« und »Bewusstsein« stellt Marx die Überlegung voran, dass die »ökonomische Struktur der Gesellschaft, die reale Basis« sei, »worauf sich ein juristischer und politischer Überbau erhebt, und welcher bestimmte gesellschaftliche Bewußtseinsformen entsprechen. Die Produktionsweise des materiellen Lebens bedingt den sozialen, politischen und geistigen Lebensprozeß überhaupt.« (MEW 13: 8–9)

### Was ist dran?

Auf dieses Zitat bezieht sich Marx auch selbst in einer Fußnote im *Kapital* und argumentiert, dass die »Art und Weise«, wie die Menschen im Mittelalter oder der Antike das Leben »gewannen«, erklärt, warum der Katholizismus oder die Politik »die Hauptrolle spielte« (MEW 23: 96). Derlei Zitate haben in marxistischen Bewegungen des 20. Jahrhunderts eine prominente Stellung eingenommen, vor allem aufgrund der sehr populäreren Engels'schen Schrift *Anti-Dühring* (1877 als Buch erschienen), die zu einem der wichtigsten Kompendien des Marxismus wurde. Engels schreibt, »daß also die jedesmalige ökonomische Struktur der Gesellschaft die reale Grundlage bildet, aus der der gesamte Überbau der rechtlichen und politischen Einrichtungen sowie der religiösen, philosophischen und sonstigen Vorstellungsweise eines jeden geschichtlichen Zeitabschnittes in letzter Instanz zu erklären sind« (MEW 20: 25). Dennoch sah sich bereits Engels dazu genötigt, bestimmte Annahmen zurückzuweisen, die man als »Ökonomismus« bezeichnen könnte, nämlich die Vorstellung, dass die Wirtschaft alles bestimmt. So schrieb er 1890 beispielsweise in einem Brief an Joseph Bloch: »Nach materialistischer Geschichtsauffassung ist das in letzter Instanz bestimmende Moment in der Geschichte die Produktion und Reproduktion des wirklichen Lebens. Mehr hat weder Marx noch ich je behauptet. Wenn nun jemand das dahin verdreht, das ökonomische Moment sei das einzig bestimmende, so verwandelt er jenen Satz in eine nichtssagende, abstrakte, absurde Phrase« (MEW 37: 463).

Wie Engels das Verhältnis von Ökonomie und Politik, Recht, Kunst, Wissenschaft, Religion usw. konkret aufgefasst hat, bleibt trotz dieser Aussagen unklar. Und wir wissen nicht, ob Marx die Positionen seines Freundes geteilt hat. Bei der zitierten Stelle aus dem Vorwort von *Zur Kritik der politischen Ökonomie* (MEW 13) wählt Marx die Formulierung »entsprechen«. Dass sich ökonomische Basis und Überbau »entsprechen«, bedeutet nicht, dass der Überbau allein durch die Basis bestimmt ist. Vielmehr stellt er fest, dass eine bestimmte »Art und Weise«, wie das Leben gewonnen wird, mit bestimmten Vorstellungen über diese gesellschaftliche Praxis einhergeht. Die Vorstellungen (etwa zur Frage, was gerecht ist) können adäquat analysiert werden, wenn sie als Teil des gesellschaftlichen Ganzen, in dem die Wirtschaft eine wichtige Rolle spielt, erfasst werden. Dies ist eine andere Betrachtungsweise als die rein auf Kausalität gerichtete Frage, was wovon die Ursache ist. Für Marx scheint selbstverständlich, *dass* die Formen des materiellen Lebensprozesses bestimmend sind: Auf welche Art sie konkret die anderen Bereiche gesellschaftlicher Realität beeinflussen, muss jedoch je historisch-konkret analysiert werden.

Marx' Hinwendung zur Analyse und Kritik bürgerlicher Ökonomie setzte in den 1840ern mit seiner Kritik an Hegel und dessen Schülern ein. Mit der Formulierung von Basis und Überbau wandte er sich vor allem gegen die verbreitete Vorstellung, dass sich die Art und Weise, wie Gesellschaft funktioniert, aus den Ideen erklären lasse. Marx drehte die Perspektive um und begann, die herrschenden ökonomischen Verhältnisse zu analysieren, um so die Ideen und Denkformen in einer Gesellschaft zu begreifen. Im *Kapital* geht es Marx zunächst nicht allgemein um »Ideen«, sondern er fragt sich, warum die »Art und Weise« des kapitalistischen Wirtschaftens, das ökonomische Verhältnis zwischen Kapital und Lohnarbeit, ein System von unhinterfragten Kategorien mit sich bringt, die die politische Ökonomie und die Lehrbücher beherrschen, ohne dass eine genauere Analyse erfolgt: Wert, Ware, Geld, Kapital, Zins etc. Was Marx nicht systematisch behandelt, worauf er aber immer wieder zu sprechen kommt, sind die mit den kapitalistischen Verhältnissen einhergehenden (nicht-ökonomischen) gesellschaftlichen Praktiken, politische Organisationsformen und Vorstellungen von Recht, Gerechtigkeit und gesellschaftlichem Streit darüber, wie die Gesellschaft einzurichten ist.

Marx behauptet einen systematischen, also nicht zufälligen Zusammenhang der Formen von Produktion und Ausbeutung sowie Vorstellungen von Gerechtigkeit und politischer Herrschaft (MEW 23: 73f., 93, 96 Fn 33). In der Antike war beispielsweise Sklavenarbeit eine dominierende Produktionsweise, in der nicht alle Menschen als gleich galten. Gleichheit galt nur innerhalb einzelner Gruppen. Die Gleichheit aller Menschen hätte der auf Sklavenarbeit beruhenden Gesellschaft das Fundament entzogen, hätte also zu dieser Produktionsweise nicht gepasst.

Ein anderes Beispiel betrifft die Frage des Zusammenhangs von Ökonomie und politischer Gewalt. In feudalen Gesellschaften lagen Entscheidungen über wirtschaftliche Fragen und die politische Gewalt zumeist in den Händen der Feudalherren. Sie konnten in der Regel bestimmen, wann wieviele Abgaben an sie geleistet werden sollen und in welcher Form. Ihnen stand auch das Recht zu, ihre Vorgaben gewaltsam durchzusetzen. Im Kapitalismus dagegen herrscht nicht mehr das Faustrecht. Vielmehr erlässt der Staat Gesetze und setzt diese auch durch, und zwar gegenüber Kapitalisten und Lohnabhängigen gleichermaßen. Warum ist das so? Warum bleibt die politische Gewalt nicht Teil der Ökonomie oder im Besitz der herrschenden Klasse, wie in vorkapitalistischen Gesellschaften? Warum monopolisiert der Staat die legale Gewaltausübung (Max Weber)? Das ist nicht damit zu erklären, dass Staatsrechtler oder Philosophinnen einfach mal die Idee dazu entwickelt haben.

Die Zusammenhänge zwischen Produktionsweise und Politik bedeuten nicht, dass es im Kapitalismus keinen politischen und sozialen Spielraum gibt. In der Politik (in Parlamenten, in politischen Verbänden und auf der Straße) und in Gesetzgebung und Rechtsprechung wird durchaus darum gestritten, wie Reichtum verteilt werden soll, welche Mitspracherechte, welche Einblicke in welche Entscheidungsprozesse wer haben soll etc. (so auch bei Freihandelsabkommen, der Steuerpolitik, bei Geheimdiensten usw.). Das bedeutet: Politik und Recht wirken in der Ökonomie. Es kommen auch unterschiedliche Ansichten darüber zur Sprache und es setzt sich nicht ausschließlich durch, was große Unternehmen wünschen, zumal es immer wieder zu Interessenkonflikten unter Reichen oder zwischen Unternehmen kommt. Und bestimmte politische Positionen können auch Grundpfeiler der kapitalistischen Produktionsweise in Frage stellen.

## Für Marx ist der Kommunismus das Ziel der Geschichte

*»Hegel und Marx sahen den Ablauf der Geschichte als eine zwangsläufige Entwicklung an.«*

(Horst Poller, Verleger, Publizist und Politiker, CDU)*

### Das wird gesagt:

Marx hatte ein deterministisches Verständnis von Geschichte. Das bedeutet, dass laut Marx Geschichte nach einem bestimmten Muster abläuft und sich quasi automatisch auf ein Ziel hin entwickelt: Dem Feudalismus folgt notwendigerweise der Kapitalismus und diesem der Kommunismus. Die Menschen können diesen Ablauf kaum beeinflussen.

### Was ist dran?

Marx hat in einigen seiner Schriften tatsächlich nahegelegt, dass er ein solches Verständnis von Geschichte hat. So lassen sich zum Beispiel einige Stellen aus der 1845–46 verfassten *Deutschen Ideologie* dahin gehend interpretieren oder das *Manifest* (1848) mit seinem berühmten Anfang, wonach

* Horst Poller: Die Philosophen und ihre Kerngedanken. Ein geschichtlicher Überblick. München 2009: 7.

die Geschichte die Geschichte von Klassenkämpfen sei, die sich – so legt der Text nahe – in einer bestimmten Reihenfolge abspielten (MEW 4: 462). Aber auch noch im *Kapital* finden sich Passagen, die man als deterministisch lesen kann. Am Ende des ersten Bandes behauptet Marx zum Beispiel, dass sich die Klasse der Enteigneten mit Notwendigkeit irgendwann die Produktionsmittel von der Kapitalistenklasse zurückholen und somit die Grundlage einer herrschaftsfreien Gesellschaft legen werde: »Die Stunde des kapitalistischen Privateigentums schlägt. Die Expropriateurs werden expropriiert.« (MEW 23: 791) Die Möglichkeit, dass die Geschichte anders verläuft, scheint hier ausgeschlossen. Im dritten Band des *Kapital* findet sich dann noch das berühmt gewordene »Gesetz vom tendenziellen Fall der Profitrate«, nach dem der Kapitalismus aus internen, strukturellen Gründen und unabhängig vom Handeln der Menschen unterzugehen scheint.

Allerdings finden sich bei Marx auch Argumente, die gegen einen Geschichtsdeterminismus sprechen und die in anderen Kapiteln dieses Buches erörtert werden (→ *Marx hat den Untergang des Kapitalismus vorhergesagt* und *Europa war für Marx das Zentrum der Welt*). Aufschlussreich sind aber auch die sogenannten *Briefentwürfe an Vera Sassulitsch*

(MEW 19: 384ff.). Vera Sassulitsch lebte zu Marx' Zeit und gehörte zu den Revolutionär_innen, die für eine kommunistische Gesellschaft in Russland kämpften. Allerdings war Russland damals noch ein feudales Land, weswegen sich für die Revolutionär_innen die Frage stellte, ob das Land vor einer kommunistischen Revolution nicht zunächst den Kapitalismus durchlaufen müsse. Diese Frage stellte Vera Sassulitsch Marx in einem Brief vom Februar 1881: Kann das Gemeineigentum der russischen Dorfgemeinde direkt ins kommunistische Gemeineigentum übergehen? Interessanterweise verfasste Marx drei Entwürfe für eine Antwort und schickte dann einen vierten, relativ kurzen Text ab. Bemerkenswert an diesen Entwürfen ist unter anderem der Bezug, den Marx auf das Kapitel über die sogenannte ursprüngliche Akkumulation im *Kapital* (MEW 23: 741ff.) nimmt. Die dortige Beschreibung des Übergangs vom Feudalismus zum Kapitalismus ist häufig als Argument für Marx' deterministisches Verständnis von Geschichte herangezogen worden.

In den drei ausführlicheren Briefentwürfen (und auch in der knappen tatsächlich abgeschickten Antwort, MEW 19: 242f.) an Sassulitsch stellt Marx zunächst klar, dass das Kapitel ausschließlich den geschichtlichen Ablauf in Westeuropa analysiere. An dieser Stelle wird also nichts darüber gesagt, wie eventuelle Übergänge zwischen Gesellschaftsformationen an anderen Orten und in anderen Zeiten aussehen können. Und ob Russland die kapitalistische Phase durchlaufen müsse oder nicht, lässt sich laut Marx nicht abstrakt beantworten. Die Zukunft und eventuelle Weiterentwicklung oder Zerstörung der russischen Dorfgemeinde sei von vielen ökonomischen und politischen Faktoren abhängig, die nicht vorhergesagt werden könnten. »Alles hängt von dem historischen Milieu ab«, schreibt Marx zum Beispiel im ersten Entwurf des Briefs (MEW 19: 389). Wenn bestimmte Faktoren überwiegen, so Marx, dann wird das russische Gemeineigentum an Boden zerstört werden. Sollten aber andere Faktoren sich durchsetzen, dann wäre es möglich, dass die Dorfgemeinde »sich alle positiven Errungenschaften aneignen, die von dem kapitalistischen System geschaffen worden sind, ohne dessen Kaudinisches Joch [schlimme Erniedrigung, die römische Legionen nach einer Niederlage erleiden mussten – d. Verf.] passieren zu müssen.« (MEW 19: 392)

Diese Entwürfe – sowie die in den anderen Kapiteln dieses Bändchens erwähnten Argumente – legen nahe, dass Marx durchaus ein differenziertes Verständnis von Geschichte hatte und sich bewusst war, dass historische Prozesse je nach Ort und Zeit verschieden ablaufen und dass auf die jeweils besonderen Merkmale der Gesellschaften zu achten ist, um etwas über ihre mögliche Entwicklung zu sagen. Dass Marx am Ende – nach dem Verfassen von drei langen Entwürfen – Sassulitsch doch nur eine sehr kurze Antwort schickte, spricht eher dafür, dass er im Allgemeinen bei Prognosen eher zurückhaltend war. Auch dies deutet nicht gerade auf Determinismus hin.

## Marx' Idee ist ja gut, der Mensch aber nicht gut genug

*»Altruismus mag das schönere Leitbild für eine Gesellschaft sein, das wirklichkeitstauglichere bleibt der Eigennutz. Das haben die vielen fehlgeschlagenen Versuche gezeigt, stabile Gesellschaftsordnungen zu errichten, die ohne die Triebfeder des Eigennutzes auskommen – und dementsprechend auf Wettbewerb und Besitzrechte verzichten. Der Mensch wird eben nicht als selbstloses, aufopferungsvolles Wesen geboren, sondern von der Natur vor allem mit dem festen Willen ausgestattet, sich in einer widrigen Welt im Überlebenskampf den bestmöglichen Platz zu sichern.«*

(Heike Göbel, FAZ, 30.12.2006)

### Das wird gesagt:

Die Idee des Kommunismus ist zwar grundsätzlich gut, Reichtum sollte gemeinsam produziert und solidarisch verteilt werden. Allerdings ist der Kommunismus eine unrealisierbare Utopie: Die Menschen sind einfach zu egoistisch, Marx war zu optimistisch. Der Kapitalismus entspricht viel eher dem Wesen des Menschen.

## Was ist dran?

Dass Menschen oft egoistisch handeln, ist offensichtlich. Sie wollen in der Regel das Beste für sich behalten und überlassen gerne anderen die schlimmeren und undankbareren Aufgaben, wenn dies nicht mit Sanktionen einhergeht oder keine Aussicht auf Belohnung da ist. Dies ist jedenfalls im Kapitalismus so. Schließt diese Tatsache aber die Möglichkeit einer auf Solidarität und Teilhabe basierenden Gesellschaft aus? Nicht nach Marx!

Gesellschaften sind einem historischen Wandel unterzogen, und Marx stellt sich die Frage, wie das menschliche Verhalten davon beeinflusst wird. Er geht also nicht von einem »Wesen des Menschen« aus, das in jeder Epoche gleich bleibt und entweder »solidarisch« oder »egoistisch« ist, sondern vielmehr von den jeweiligen historischen Gesellschaftsordnungen und wie diese der menschlichen Lebensweise und damit auch dem individuellen Verhalten ihren Stempel aufdrücken. Das menschliche Wesen sei das »ensemble der gesellschaftlichen Verhältnisse« (MEW 3: 6) – und dabei ist nicht zu vergessen: Gesellschaftliche Verhältnisse lassen sich verändern!

Was jedoch sind die prägenden gesellschaftlichen Verhältnisse im Kapitalismus? Ein wesentliches Prinzip ist das des Privateigentums und der

Konkurrenz, dem im Kapitalismus viele Bereiche der Gesellschaft unterworfen sind. Güter und Dienstleistungen werden hier als Waren produziert, die in erster Linie einen Profit abwerfen sollen. Das bedeutet, nicht die Bedürfnisse der Menschen stehen im Mittelpunkt, sondern der Zweck, aus Geld mehr Geld zu machen (→ *Heute gibt es keine Ausbeutung mehr*). Nur mit Geld können Waren erworben werden. Ohne Moos nix los. Während die einen ihre produktiven Mittel einsetzen, um Profit zu machen, haben andere gar keine solchen Ressourcen, sind mittellos, haben nur ihre Arbeitskraft, die sie gegen Lohn zu Markte tragen. Würden Arbeiter_innen das nicht tun, hätten sie letztendlich keine Möglichkeit, ihren Lebensunterhalt zu bestreiten. Auch Unternehmer_innen können sich der Handlungslogik, die den Kapitalismus prägt, nicht ohne Weiteres entziehen. Sonst gingen sie pleite, und aus Kapitalist_innen würden Lohnabhängige.

Eine Veränderung der kapitalistischen Verhältnisse eröffnet auch die Möglichkeit, dass sich die Handlungsoptionen und das Selbstverständnis der Menschen ändern. Wenn die Gesellschaft nicht auf Konkurrenz und Profit gründet, sondern auf Bedürfnisbefriedigung, politischer Teilhabe und Solidarität, dann haben die Menschen überhaupt erst die Chance, in diesen Rahmenbedingungen auch anders zu handeln. In einer solchen Gesellschaft stehen die persönlichen Bedürfnisse dann nicht im Widerspruch zu den gesellschaftlichen Anforderungen. Die Frage ist also nicht, ob der Mensch zu schlecht ist, sondern wie die Gesellschaft organisiert sein sollte, damit ein solidarisches Miteinander möglich ist.

Und übrigens: In unseren heutigen Gesellschaften sind kollektive Formen des Miteinanders zu finden, die über sie hinausweisen. Die Konkurrenz macht auch Solidarität nötig, und so organisieren sich Menschen in politischen Gruppen, Vereinen und Gewerkschaften, um bestimmten Zumutungen die Stirn zu bieten. Und es geht auch noch weiter: Am Beispiel von Wikipedia oder Open Source wird deutlich, wie Menschen altruistisch arbeiten, ohne jegliche Gegenleistung zu erwarten, um ein gemeinsames, für möglichst viele kostenlos zugängliches Projekt aufrechtzuerhalten.

## Marx' Arbeitswerttheorie ist nichts wert

*»Zu Marx' größten wissenschaftlichen Fehlleistungen gehört die Arbeitswerttheorie, die wohl vor allem ideologisch begründet war – auf ihr ruhte schließlich die Theorie des Mehrwerts und der Ausbeutung. Die Behauptung, dass sich die relativen Güterpreise in der Marktwirtschaft grundsätzlich nach der in den Waren steckenden Arbeitszeit richten, ist schlichtweg falsch«*

(Hans-Werner Sinn. In: *Aus Politik und Zeitgeschichte*. Nr. 19–20/2017)

### Das wird gesagt:

Marx behauptet, dass sich die Warenpreise nach der Arbeitszeit richten, die für die Herstellung eines Produkts notwendig ist. Er wollte zeigen, dass nicht die Unternehmer oder Manager Wert produzieren, sondern nur Arbeiter_innen. Ihnen war er politisch verpflichtet. Die Arbeitswerttheorie ist deshalb vom Grundsatz her ideologisch, nicht wissenschaftlich.

### Was ist dran?

Sicher hat die Marx'sche Werttheorie viele Fragen hinterlassen, die noch zu diskutieren sind, und leider muss man alle Bände des *Kapital* lesen, um diese angemessen diskutieren zu können. »Schlichtweg falsch« ist sie hingegen ganz und gar nicht.

Marx hat nirgendwo behauptet, dass sich die relativen Güterpreise »nach der in den Waren steckenden Arbeitszeit richten« (wie Sinn behauptet). Er schreibt im ersten Band des *Kapital* vielmehr das Gegenteil, nämlich dass der Wert der Waren *nicht* dem Durchschnittspreis am Markt entspricht (MEW 23: 180 Fn 37, 234 Fn 34a). Warum also dieses Missverständnis? Marx unterscheidet Wert und Preis. Preise seien ohne ein Verständnis von Wert nicht zu bereifen. Für die Neoklassik, für die der Ökonom Hans-Werner Sinn steht, existiert dieser Unterschied nicht. Die verschiedenen Forschungsprogramme von neoklassischer Theorie und Marx gehen mit anderen theoretischen Prämissen einher sowie einem gänzlich verschiedenen Verständnis davon, was eigentlich der Gegenstand der eigenen Wissenschaft ist.

Marx analysiert, warum eine bestimmte Arbeit nicht nur Gebrauchswerte, sondern auch Produkte mit der Eigenschaft hervorbringt, Wertding zu sein, Waren, die einen Preis haben. Sinn interessiert sich nur dafür, warum ein Preis so und so hoch ist, nicht aber, was ein Preis überhaupt ist und warum es im Kapitalismus neben den Waren überhaupt Geld geben muss. Marx verfolgt demnach eine ganz andere Fragestellung als die Mainstream-Ökonomie. So wie Sinn nicht Marx' Fragen beantwortet, beantwortet Marx nicht die Fragen der neoklassischen Theorietradition. Man spricht deshalb von unterschiedlichen theoretischen »Schulen« oder »Paradigmen«. Neben den zwei bereits genannten gehen der Keynesianismus auf den Ökonomen John M. Keynes (1883–1946) zurück und die klassische politische Ökonomie versammelt die Arbeiten von William Petty (1623–1687) über Adam Smith (1723–1790) bis David Ricardo (1772–1823).

Ist Marx' Paradigma und die Frage, ob der Wert auf Arbeit zurückgeführt werden kann, also nur ideologisch begründet? Bereits zu seiner Zeit war Marx mit der Forderung konfrontiert, seine Werttheorie zu begründen. So liest man in seinem Brief an seinen Freund Ludwig Kugelmann: »Das Geschwatz über die Notwendigkeit, den Wertbegriff zu beweisen, beruht nur auf vollständigster Unwissenheit [...]. Dass jede Nation verrecken würde, die, ich will nicht sagen ein Jahr, sondern für ein paar Wochen die Arbeit einstellte, weiß jedes Kind.« Ebenso sei klar, dass, um die vielen unterschiedlichen Bedürfnisse in einer Gesellschaft zu befriedigen, unterschiedlichste Arbeiten verrichtet werden müssen – arbeitsteilig. Die Art und Weise, so Marx, wie diese gesellschaftliche Arbeitsteilung reguliert werde, sei historisch sehr unterschiedlich und nehme im Kapitalismus die besondere Form an, dass ein Teil der Arbeitsprodukte als Waren einen Tauschwert bekommen und deshalb das Geld für die kapitalistische Produktionsweise wesentlich ist. Warum das so ist und was das für die gesellschaftliche Arbeitsteilung und Ausbeutung bedeutet, das ist die Frage, die Marx interessiert (vgl. MEW 32: 522f.; → *Heute gibt es keine Ausbeutung mehr*).

Dass die Werttheorie etwas mit Arbeit zu tun haben muss, war für Marx demnach eine Selbstverständlichkeit. Ebenso, dass in herrschaftsförmigen Gesellschaften ein Teil der Bevölkerung einen anderen für sich arbeiten lässt, sich das Arbeitsprodukt aneignet, Menschen ausbeutet. Aber so einfach ist es eben doch nicht, sonst wäre nicht der Anspruch aufgekommen, Marx solle seine Werttheorie begründen. Marx stellt im erwähnten Brief an Kugelmann heraus, dass *nicht jede* Arbeit Quelle von Wert ist. *Nur bestimmte,* nämlich Waren produzierende Arbeit. Hausarbeit und ehrenamtliches Kochen für Bedürftige bringen Nützliches hervor, aber eben keinen Wert – die Arbeitsprodukte nehmen keine Warenform an.

Waren hingegen müssen sich verkaufen, gegen Geld auf dem Markt. Sie werden ohne vorherige Absprachen mit potenziellen Abnehmer_innen produziert und für einen bestimmten Preis anderen Marktteilnehmer_innen angeboten – nicht nur für den privaten Verbrauch, sondern auch für die Weiterverarbeitung in Unternehmen: In kapitalistischen Gesellschaften besteht eine vertiefte Arbeitsteilung und eine gegenseitige Abhängigkeit der Produzenten. Das Schuhunternehmen braucht Kunststoffe, Leinen, Farb- und Klebestoffe sowie Leder; die Kunststoffindustrie Chemikalien, Öle und Paraffine; die Stoffindustrie Wolle und andere Fasern sowie Farben – alle brauchen sie Strom und Maschinen und die Arbeiter_innen wiederum die passende Arbeitskleidung inklusive Schuhwerk. Alles wird auf dem Markt gekauft. Das bedeutet, dass es essenziell für das Funktionieren der Wirtschaft als Ganzes ist, wer was und wieviel produziert. Die voneinander getrennten Produzenten müssen also ohne Absprache zu einer gesellschaftlichen Produktion zusammenfinden. Ob die für die Produktion der Waren privat aufgewendete Arbeit als gesellschaftliche anerkannt wird, stellt sich erst im Nachhinein heraus, nämlich dann, wenn sie am Markt auch gekauft wird.

Marx' Werttheorie kann begründen, warum und wie der Wert diese gesellschaftliche Arbeitsteilung koordiniert, warum Geld hierfür notwendig ist und warum Preisbewegungen, Krisen und Pleiten damit einhergehen. Mehr noch: Die Produkte gehören nicht den eigentlichen Produzenten, sondern dem kapitalistischen Unternehmen. Das Produkt der Arbeit eignen sich die Kapitalist_innen an. Die Marx'sche Werttheorie ist somit auch der Grundstein für eine Analyse der Ausbeutung im Kapitalismus – kein Wunder also, dass es für die Neoklassik keine Ausbeutung gibt.

Zusammengefasst fragt Marx danach, warum eine bestimmte Arbeit nicht nur Gebrauchswerte, sondern auch Produkte mit der Eigenschaft hervorbringt, Wertding zu sein, Waren, die einen Preis haben.

Anders als Marx interessiert sich Hans-Werner Sinn und mit ihm die Neoklassik nur für die Preisbildung und nicht dafür, was ein Preis überhaupt ist und warum es im Kapitalismus neben den Waren überhaupt Geld geben muss. Für den wirtschaftswissenschaftlichen Mainstream und den Alltagsverstand spielen Angebot und Nachfrage die zentrale Rolle, wenn eine Ware sehr begehrt ist oder sehr knapp, ist der Preis hoch, denn der Markt zeigt schnell, was verlangt werden kann. Industriell hergestellte

Produkte sind im Kapitalismus jedoch nicht, wie der Mainstream unterstellt, von Natur aus knapp. Es sind tendenziell eher immer zu viele. Vielmehr sind sie nur im Verhältnis zu Geld knapp, anders gesagt: Es ist relevant, ob jemand dafür zahlt bzw. zahlen kann oder nicht. Es ist der Wert, der die gesellschaftliche Produktion »reguliert«, und Marx zeigt, dass der Markt die Bedingungen sanktioniert, unter denen die Waren hergestellt wurden, weshalb Preise also im Kapitalismus überhaupt so wichtig sind: Wer zu hohe Löhne zahlt oder zu unproduktiv arbeiten lässt, wird sich nicht lang am Markt halten. Die Preisform, so Marx, ist die passende Form einer Produktionsweise, »worin sich die Regel nur als blindwirkendes Durchschnittsgesetz der Regellosigkeit durchsetzen kann« (MEW 23: 117). Die Preisbewegungen der Waren am Markt verweisen also auf ganz spezifische gesellschaftliche Verhältnisse, Zusammenhänge und ökonomische Mechanismen, die Preise überhaupt nötig machen und deren Bewegungen bestimmen. Warenproduzierende Arbeit ist ein zentraler Faktor, was Marx klar war, wovon aber Sinn nichts wissen will.

Als Marx *Das Kapital* 1867 veröffentlichte, war die klassische politische Ökonomie bereits in einer Krise; das, was man inzwischen Neoklassik nennt, wurde schon bald der neue Mainstream. Die Arbeitswerttheorie wird gerne als »objektive Werttheorie« bezeichnet (und der ökonomischen Klassik und Marx zugerechnet), in Abgrenzung zur »subjektiven Werttheorie«, die den subjektiven Nutzen ins Zentrum der Wertbestimmung stellt (wie die Neoklassik). Die begriffliche Unterscheidung ist erst knapp hundert Jahre alt und wurde zu Marx' Zeiten noch nicht verwendet. Auch nicht von den frühen Protagonisten der Neoklassik, die es jedoch als Fortschritt feierten, das »Subjektive« ins Zentrum der Analyse zu stellen: Was bislang als etwas »Objektives« galt (Wert), erweist sich als etwas rein »Subjektives«. Heinrich Gossen (1810–1858) sprach in Anlehnung an Immanuel Kant von einer kopernikanischen Wende in der Ökonomie.

Allerdings verhält es sich eher umgekehrt, denn der subjektiv bestimmte Tauschwert ist historisch älter und durchzieht die Literatur bis zur ökonomischen Klassik mit Smith und Ricardo. Denn der Tauschwert wurde vom individuellen Nutzen her bestimmt. Erst Adam Smith stellte diese Tradition infrage, als er ein Paradox zur Diskussion stellte, nämlich warum ein Diamant, der kaum Nutzen hat, mehr wert sei als Wasser. Smiths Schlussfolgerung war, dass man den Gebrauchswert eines Dings nicht zur Erklärung des Tauschwerts heranziehen dürfe. Aber auch bei Smith und späteren Ökonomen wurde die subjektive Begründung nie ganz fallen gelassen, und es herrschte ein großes Durcheinander.

Erst Ricardo bricht damit. Er akzeptierte die damals vorherrschende zirkuläre Argumentation nicht mehr, dass die von den Arbeiter_innen produzierten Waren das wert seien, was unter anderem für ihren Lohn ausgegeben wurde, da natürlich die Anschlussfrage lauten müsste, wie sich der Wert der Lebensmittel der Arbeiter_innen bestimme, die den Lohn ausmachen. Ricardo ist damit der erste Ökonom, der den Wert auf Arbeit zurückführt – verstrickt sich aber in viele Widersprüche. Nach seinem Tod war Ricardo zwar noch lange eine dominante Figur, seine Theorie geriet aber schon bald in eine Krise – und es begann die »Reise rückwärts«, mitunter angetrieben von Kreisen, die kein Interesse daran hatten, dass Ricardos Theorie von Sozialisten dazu verwendet wurde, die Ausbeutung von Arbeitern und Arbeiterinnen anzuprangern und einen Anspruch auf das ganze Arbeitsprodukt einzuklagen.

Das klang damals durchaus politisch durchsichtig, wenn man zeitgenössischen Ökonomen oder Publizisten zuhört. Es sei, so der Anti-Ricardianer Samuel Read 1829, »ein schändlicher und fundamentaler

Irrtum«, dass Arbeit Quelle von Reichtum sei, und bringe nur eine Feindseligkeit gegenüber Unternehmern zum Ausdruck, schließlich werde nicht anerkannt, wieviel Zeit der Eigentümer des Kapitals für dessen Anwendung opfere (so etwa Poulett Scrope 1833). Der Nordamerikaner Thomas Cooper schrieb 1830: »Wenn dies die Vorschläge sind, zu deren Durchsetzung sich die Handwerker und Arbeiter zusammenschließen, so ist es für jene, die Eigentum zu verlieren und Familien zu beschützen haben, hohe Zeit, sich zur Selbstverteidigung zusammenzufinden.« Und der Wirtschaftshistoriker Mark Blaug (1927–2011) resümierte aus theoriegeschichtlicher Perspektive 1958: »Es ist bezeichnend, daß die Autoren, die die Ansichten der ›Arbeitstheoretiker‹ angriffen – Scrope, Read und Longfield –, auch unter den ersten waren, die die Abstinenztheorie des Profits hervorbrachten [dass Profit auf Sparen zurückgehe; d. Verf.]. In diesem Sinne waren die theoretischen Neuschöpfungen dieser ›vernachlässigten britischen Ökonomen‹ nicht ohne Beziehung zu der Natur des Klassenkampfes nach 1830.«

Der Polemik neoklassischer Ökonomen gegen die Marx'sche Werttheorie, sie sei Ideologie und keine Wissenschaft, kann also getrost der Spiegel der eigenen Tradition vorgehalten werden.

## Über die Autor_innen

Valeria Bruschi teamt seit langem *Kapital*-Kurse in Berlin und Potsdam und unterrichtet Deutsch für geflüchtete Menschen.

Jakob Graf ist Mitglied der Redaktion der *PROKLA – Zeitschrift für kritische Sozialwissenschaft*, arbeitet als wissenschaftlicher Mitarbeiter an der Friedrich-Schiller-Universität Jena und ist in der politischen Bildungsarbeit tätig.

Charlie Kaufhold teamt seit mehreren Jahren *Kapital*-Lesekurse und promoviert.

Anne-Kathrin Krug ist Rechtsanwältin in Berlin, teamt seit vielen Jahren *Kapital*-Kurse und ist Mitbegründerin der AG Rechtskritik.

Antonella Muzzupappa ist Referentin für Politische Ökonomie bei der Rosa-Luxemburg-Stiftung.

Ingo Stützle teamte lange Jahre *Kapital*-Kurse und ist Redakteur der *PROKLA – Zeitschrift für kritische Sozialwissenschaft*.

# Diverse Politik & Kultur

Markus Metz / Georg Seeßlen
**Der Rechtsruck**
Skizzen zu einer Theorie des politischen Kulturwandels
240 Seiten
€ 12,- [D] / € 12,40 [A]

Ulrike Heider
**Keine Ruhe nach dem Sturm**
308 Seiten, 6 Fotos
€ 18,- [D] / € 18,50 [A]

Bernd Kasparek
**Europas Grenzen: Flucht, Asyl und Migration**
Eine kritische Einführung
156 Seiten, 9 Karten
€ 7,90 [D] / € 8,20 [A]

**www.bertz-fischer.de**
mail@bertz-fischer.de
**Newsletter:** bertz-fischer.de/newsletter